Programa
Bebelendo
Uma intervenção precoce de leitura

Programa
Bebelendo

Uma intervenção precoce de leitura

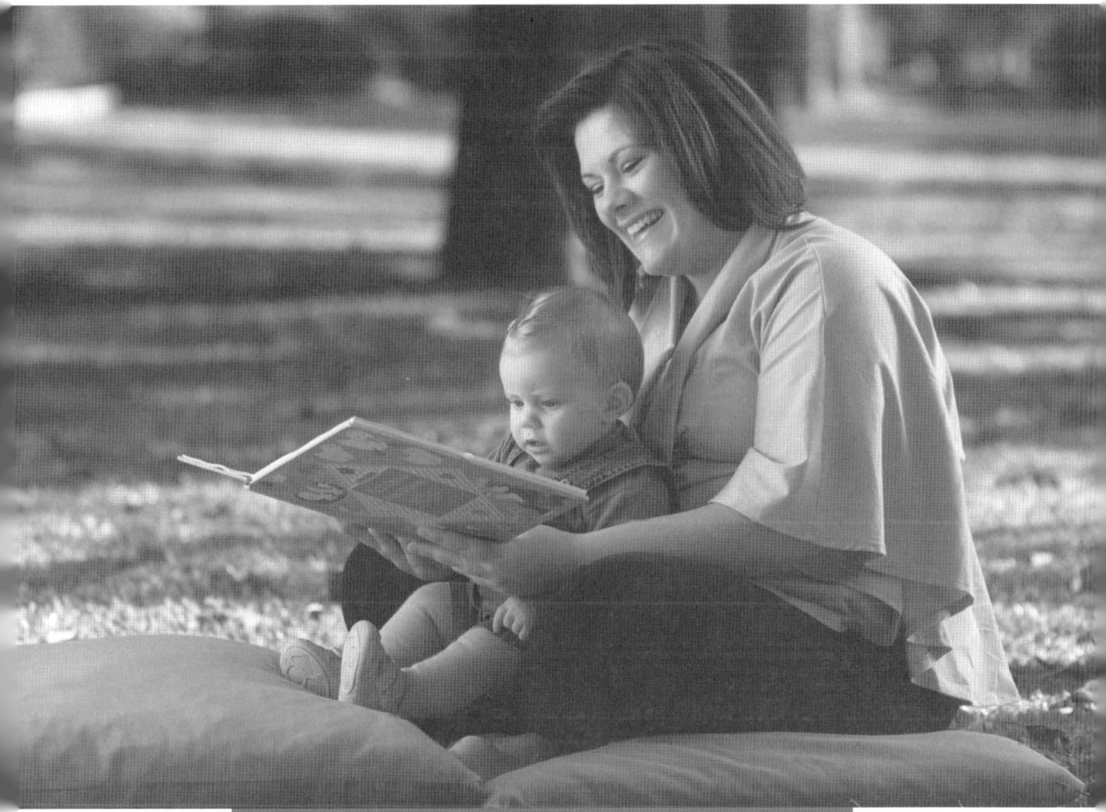

Rita de Cássia Tussi
Tania M. K. Rösing

São Paulo
2009

© Rita de Cássia Tussi e Tania Mariza Kuchenbecker Rösing, 2008
1ª Edição, Global Editora, São Paulo 2009

Diretor Editorial
Jefferson L. Alves

Gerente de Produção
Flávio Samuel

Coordenadora Editorial
Dida Bessana

Assistentes Editoriais
Alessandra Biral
João Reynaldo de Paiva

Revisão
Adriana Bairrada
Fernanda Vilany de Carvalho

Ilustrações
Claudimir Marques

Projeto Gráfico
Jeferson Cunha Sorentz

Editoração Eletrônica
Luana Alencar

Capa
Reverson Diniz

Foto de capa
Rafael Czamanski

Dados Internacionais de Catalogação na Publicação (CIP)
(Câmara Brasileira do Livro, SP, Brasil)

Tussi, Rita de Cássia
   Programa Bebelendo: uma intervenção precoce de leitura / Rita de Cássia Tussi, Tania M. K. Rösing; ilustrações Claudimir Marques. – 1. ed. – São Paulo: Global, 2009.

   Bibliografia.
   ISBN 978-85-260-1379-7

   1. Desenvolvimento cognitivo – Psicologia infantil 2. Hábitos de leitura 3. Leitura 4. Leitura – Desenvolvimento 5. Literatura infantojuvenil 6. Livros e leitura 7. Programa Bebelendo I. Rösing, Tania M. K. II. Marques, Claudimir. III. Título.

09-05793   CDD-155.4

Índices para catálogo sistemático:
1. Programa Bebelendo : Formação de leitores : Psicologia da primeira infância   155.4

Global Editora e Distribuidora Ltda.
Rua Pirapitingui, 111 – Liberdade
CEP 01508-020 – São Paulo – SP
Tel.: (11) 3277-7999 – Fax: (11) 3277-8141
e-mail: global@globaleditora.com.br
www.globaleditora.com.br

Obra atualizada conforme o
Novo Acordo Ortográfico da Língua Portuguesa

Colabore com a produção científica e cultural.
Proibida a reprodução total ou parcial desta obra sem a autorização do editor.

Nº de Catálogo: **3076**

Aceitando um desafio

Há uma movimentação significativa, em diferentes lugares do Brasil, direcionada à diminuição do analfabetismo no país, à implementação de programas de letramento, viabilizando possibilidades concretas no desenvolvimento de estratégias mais eficientes no processo de formação de leitores. Resultados pouco animadores acerca do desempenho de alunos em avaliações nacionais e internacionais têm motivado os debates sobre a necessidade urgente de realização de ações mais inovadoras no âmbito de programas mais permanentes de formação de leitores.

Preocupações com o público infantil são concretas ao se constatar o aumento da produção editorial para crianças e adolescentes, disponibilizada no mercado brasileiro. Ao lado dessa realidade, as políticas públicas de aquisição de livros para bibliotecas escolares, para o atendimento das necessidades de leitura dos alunos e dos professores, têm viabilizado a chegada de muitos livros nas escolas. Há, no entanto, uma dificuldade de os professores animarem esses acervos, fazendo-os atingir os alunos e os pais, a comunidade do entorno da escola. Tal situação decorre do fato de a formação contínua de professores, como mediadores de leitura, estar em descompasso com as demais ações.

Paralelamente a esse quadro, as descobertas de que a criança nasce pronta para interagir com o meio, que de 0 a 3 anos de idade acontece um importante desenvolvimento cerebral, de que as experiências às quais a criança é exposta modificam a estrutura e a função, constituindo-se em dados significativos para o desenvolvimento da criança e a ausência de registro de programas e/ou de projetos de leitura no *site* do Plano Nacional do Livro e da Leitura (PNLL) e na política educacional-cultural do governo federal brasileiro serviram de desafio para a realização deste estudo.

Programa Bebelendo: uma intervenção precoce de leitura objetiva investigar como os adultos do grupo familiar com filho(os, as) na idade referida ou do grupo cuidador são capazes, por meio de interações e de práticas orais de leitura, de aproximar essas crianças da literatura e, num momento posterior, do livro como suporte, para transformá-las em leitoras precoces.

Os sujeitos do estudo foram bebês, pais e cuidadores observados em três projetos diferentes: *Bookstart* (Londres, Inglaterra), Música para Bebês (Porto Alegre/RS) e Leitura na Creche (Passo Fundo/RS). A observação e análise desses projetos à luz das teorias do desenvolvimento, da neurociência e da literatura permitiram que se estabelecesse uma relação entre as peculiaridades da primeira infância e o desenvolvimento do processo de formação de leitores.

Ampliar o universo observado e a faixa etária dos sujeitos envolvidos em ações de leitura constituiu-se em dado fundamental no processo de formulação de conclusões significativas como a de que a interação afetiva entre pais-bebê e cuidador-bebê influencia no desenvolvimento e na formação de comportamentos de leitura.

Deve-se destacar que os adultos do grupo familiar, pelo vínculo que estabelecem com seus bebês, são os mediadores ideais para atividades de leitura literária. Assim, o estudo em questão propõe um programa de incentivo à leitura para bebês capaz de conscientizar a mãe e, por meio dela, pais e cuidadores para que desempenhem a tarefa de se transformar em mediadores nas ações precoces de leitura.

Resgatar a importância de conversar com a criança desde quando se encontra no ambiente intrauterino e no momento posterior ao nascimento, de cantar canções de ninar e de brincar, de recitar parlendas e trava-línguas, de narrar pequenas histórias, de promover brincadeiras de roda, de valorizar espécies literárias de natureza folclórica, tudo isso passa a se configurar, no envolvimento adulto-bebê, como um conjunto de ações que estabelecerão comportamentos precoces de leitura a partir da infância inicial.

Programa Bebelendo: uma intervenção precoce de leitura é resultado de um estudo investigativo na linha de pesquisa Leitura e Formação do Leitor, demonstrando a importância do processo de formação de leitores com a participação de adultos mediadores – pai, mãe, cuidadores. Este estudo foi desenvolvido no contexto de uma preparação fundamentada das ações propostas e de estímulo incisivo ao aprimoramento do desempenho dos bebês como futuros leitores, apropriando-se de comportamentos perenes de leitura literária e de outros gêneros textuais para se transformarem em cidadãos desejosos de mudanças, observando as necessidades dos novos tempos.

O Programa Bebelendo foi estruturado para atender a gestantes, bebês de 0 a 12 meses, de 12 a 24 meses, de 24 a 36 meses, envolvendo, também, crianças com dificuldades visuais e auditivas para que desenvolvam, ao longo de suas vidas, comportamentos perenes de leitura.

A leitura destina-se a quem deseja aprofundar seus conhecimentos e aprimorar suas ações no processo de interação durante o desenvolvimento dos bebês, observando e valorizando o potencial que eles apresentam, da história que vai se construindo no ambiente familiar, preparando-se para um ingresso no contexto escolar formal de modo diferenciado.

Desejamos que o *Programa Bebelendo: uma intervenção precoce de leitura* constitua-se numa contribuição importante para os estudos da formação de leitores e da necessária atuação de mediadores de leitura.

As autoras

Sumário

MAPEANDO OS CAMINHOS DA LEITURA 11

FUNDAMENTANDO TEORICAMENTE
AS AÇÕES DE LEITURA 23

Desenvolvimento da criança 25
    Teoria cognitiva – Piaget 26
    Teoria da aprendizagem social – Bandura 30
    Teoria sócio-histórica – Vygotsky 33

Infância inicial: o momento ideal 39
    O desenvolvimento inicial do sistema nervoso 39
    As experiências e os períodos suscetíveis
    às influências ambientais 41

Promoção de leitura se faz com literatura 47
    A leitura 47
    A literatura 51

Pais e cuidadores: perfeitos mediadores 65
    Os primeiros mediadores 66
        A relação mãe-bebê 67
        A figura paterna 70
        A figura do cuidador 72
    O feto e o recém-nascido 75
        As seis maneiras de existir 76
        A capacidade visual do recém-nascido 77

A capacidade auditiva 78
O sentido do tato 79
O paladar e o olfato 80
Movimentos e expressões do recém-nascido 81
Os papéis exercidos pelo mediador e a formação 83
A mediação, a linguagem e a emoção 85

PERCORRENDO CAMINHOS PARA UMA AÇÃO DE LEITURA 89

DESCREVENDO E ANALISANDO PROJETOS DE LEITURA NA INFÂNCIA INICIAL 97

Bookstart 100
Rhymetime 103
Storytime 108
Música para Bebês 115
Leitura na creche 120
Primeira observação 121
Segunda observação 125
Terceira observação 129
Quarta observação 133

PROPONDO UM PROGRAMA DE LEITURA 139

Sugestão de título do programa: Programa Bebelendo 147
Objetivo geral 147
Objetivos específicos 147
Plano de implantação 148
Monitoramento e avaliação 171
Resultados esperados 173
Planilhas para estimativa de custos 174

LENDO NA INFÂNCIA INICIAL: UMA VARIÁVEL EMOCIONAL, INTELECTUAL E SOCIAL 179

REFERÊNCIAS 187

APÊNDICES 193

MAPEANDO OS CAMINHOS DA LEITURA

Não são poucos os músicos e poetas que, assim como Vinicius de Moraes, falam positivamente de sua infância. Também não o são os escritores que abrem conferências e seminários citando a importância do pai ou da mãe durante os primeiros anos de sua vida, em cujas lembranças se encontram relatos de histórias, de brincadeiras e o relacionamento afetivo com um desses membros do grupo familiar.

Não menos importante que a vivência desses artífices da palavra encontra-se as das proponentes deste estudo, que receberam como presente da vida nascer em família de contadores de história. Suas infâncias foram tão lindas, mas tão lindas, que, mesmo distantes, continuam produzindo belas lembranças, criando grandes sonhos e estimulando-as na busca de soluções para o atual desinteresse pela leitura literária.

Pesquisadores como Marchall H. Klaus, John H. Kennel e Phyllis H. Klaus (2000), estudiosos da teoria da formação do vínculo e do apego, têm dedicado seu tempo nas últimas décadas à observação de bebês. Variadas tecnologias, que incluem ultrassonografia, eletroencefalograma, ressonância magnética e leitores ópticos, entre outras, foram desenvolvidas nesse período e têm contribuído de forma significativa para o estudo da vida a partir da concepção. O surgimento desses recursos permitiu um entendimento preciso da influência que o período da gestação e dos primeiros anos de vida exerce no desenvolvimento do indivíduo.

A descoberta de que o bebê não é "uma substância amorfa ao nascer", mas um ser pensante com potencial para o desenvolvimento pleno, como se acreditava em tempos distantes, passa a assumir destaque nas investigações, aumentando a preocupação dos pesquisadores do desenvolvimento humano com a

Bebê - Bebeteca - Biblioteca - Brincadeiras - Canções - Cérebro - Criança - Cuidadores - Desenvolvimento
Emoção - Experiências - Feto - Recém-nascido - Gestante - Infância inicial - Leitura - Linguagem - Literatura
Livros - Mediação - Narrativas - Pais - Período crítico - Rimas

complexidade que envolve o tema. Pesquisas abrangendo as várias áreas do conhecimento contribuem para o entendimento dessa complexidade.

No campo musical, ciente da importância vital dos primeiros dois anos de vida na formação dos processos cognitivo-musicais no indivíduo e com o intuito de desenvolver comportamentos nessa área, Esther Beyer, da Universidade Federal do Rio Grande do Sul, tem desenvolvido a pesquisa "Música para Bebês", envolvendo crianças de 0 a 2 anos de idade. Resultados parciais desse estudo têm sido divulgados em eventos como o IX, o XII e o XIII Encontro Anual da Associação Brasileira de Educação Musical (Abem), que aconteceram, respectivamente, nos anos de 2000, 2003 e 2004; o III Seminário de Pesquisa Região Sul Anped, 2000; o Music Within Every Child/Early Childhood Commission Conference (ISME), 2000 Kingston (Canadá); o IV Encontro Regional da Abem Sul, 2001; o XIII e o XIV Encontro da Anppom, 2001 e 2003; o 10th e o 11th International Conference of Early Childhood Commission of the ISME, 2002 e 2004, sediadas em Copenhagne (Dinamarca) e em Barcelona (Espanha).

No que diz respeito ao incentivo à leitura para crianças, diferentes pesquisas começam a desencadear projetos significativos. Segundo informações contidas no *site* do Plano Nacional do Livro e Leitura (PNLL, 2007), muitos são os projetos que – agrupados nos quatro eixos: democratização do acesso, fomento à leitura e à formação de mediadores, valorização do livro e da leitura, e desenvolvimento da economia do livro – estão sendo desenvolvidos no Brasil e direcionados à leitura.

Saiba mais sobre o PNLL no www.pnll.gov.br

Podem-se citar, entre outros: o Centro de Referência de Literatura e Multimeios, da Fundação Universidade de Passo Fundo; Mudando a História, da Fundação Abrinq;

projetos de incentivo à leitura e frequência à biblioteca da Fundação Biblioteca Nacional; Vivenciando a Poesia, da Universidade Federal de São Carlos; Rodando as Leituras com a Estante Circulante, da Universidade Federal do Estado do Rio de Janeiro; Brincando de Biblioteca com Programa Literário, da Secretaria de Estado de Cultura do Distrito Federal; Nova Roda, da Prefeitura Municipal de Penápolis; Saraus de Leitura, da Secretaria Municipal de Cultura – Coordenadoria do Sistema Municipal de Bibliotecas; Espaço de Leitura ID Esperança do Brasil; Laços de Leitura: uma Atitude Cidadã, da Universidade Luterana do Brasil; Ler para Ser, do Instituto Cultural Tecnologia e Arte, e Projeto Luz & Autor em Braille, da Biblioteca Braille Dorina Nowill.

A relação de projetos nesse *site* é volumosa, mas projetos voltados ao incentivo à leitura especificamente para bebês de 0 a 3 anos de idade, que estejam sendo desenvolvidos no país, não foram encontrados entre os que integram o PNLL. Existe o cadastro de um projeto interessante que, indiretamente, envolve bebês e está acontecendo no Rio Grande do Sul. Intitula-se Liberdade pela Escrita, do Centro Universitário Ritter dos Reis de Porto Alegre, e consiste na realização de sessões semanais de leitura com detentas que convivem com seus bebês no Presídio Madre Pelettier, cujos resultados em 2006 foram: mães mais interessadas pela leitura, ampliação do nível de letramento dessas mães, paralelamente ao estreitamento das relações entre as mulheres aprisionadas e entre mães e filhos (PNLL, 2007).

Fora do país, entretanto, mais especificamente no Reino Unido, com o **_slogan_** "Nós acreditamos que crianças nunca são jovens demais para começar a amar os livros" (*Bookstart*, 2007). Surgiu, em 1992, o projeto *Bookstart*,

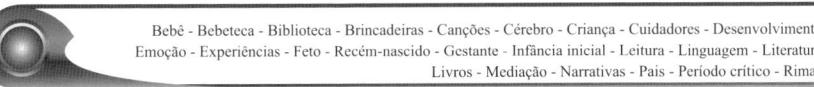
"We believe that children are never too young to start loving books."

Iniciar com livros.

> "Bookstart aims to provide a free pack of books to every baby in the UK, to inspire, stimulate and create a love of reading that will give children a flying start in life."

que tem como **objetivo** "fornecer uma sacola gratuita de livros para cada bebê no Reino Unido, para entusiasmar, estimular e criar um amor pela leitura que dará às crianças um bom começo na vida". Baseado na premissa de que crianças que são introduzidas precocemente nos livros se beneficiam educacional, cultural, social e emocionalmente, e que os anos que antecedem o período escolar são críticos no estabelecimento das bases para um futuro aprendizado, o projeto incentiva os pais a se verem como professores permanentes de seus bebês, o que aumenta a confiança de ambas as partes.

Além da contribuição relativa ao tema abordado, pouco estudado e debatido no meio acadêmico brasileiro, esta proposta investigativa contribuirá com subsídios teórico-práticos e sociais, viabilizando o surgimento de projetos qualificados de incentivo à leitura para bebês no âmbito universitário e fora dele.

No que diz respeito às possíveis contribuições da pesquisa em nível teórico-prático, acredita-se que associar a teoria dos períodos críticos defendida pela neurociência (Purves et al., 2005) às demais abordagens teóricas que pontuam os estudos sobre o processo básico do desenvolvimento humano, para reforçar a necessidade de investir em atividades interativas orais de leitura a partir do nascimento até os 3 anos de idade – a melhor fase para desenvolver comportamentos duradouros de leitura –, é a grande contribuição deste trabalho.

No que se refere à contribuição social, a preocupação com a educação na primeira infância é uma realidade mundial, da qual o Brasil faz parte como um dos 192 países que ratificaram a Convenção das Nações Unidas sobre os Direitos das Crianças, lançada em 1989. Comprometido com

Bebê - Bebeteca - Biblioteca - Brincadeiras - Canções - Cérebro - Criança - Cuidadores - Desenvolvimento
Emoção - Experiências - Feto - Recém-nascido - Gestante - Infância inicial - Leitura - Linguagem - Literatura
Livros - Mediação - Narrativas - Pais - Período crítico - Rimas

o programa **Educação para Todos** (EPT), cujo primeiro dos seis objetivos básicos é "ampliar e aprimorar uma estrutura abrangente de cuidados e educação na primeira infância, especialmente para as crianças mais vulneráveis e desfavorecidas", o governo brasileiro chega a 2008 – a apenas nove anos da data-limite (2015) para a realização desse objetivo – com pouquíssimos avanços nessa área.

> Para conhecer o programa e os demais objetivos, ver: UNESCO. *Relatório de Monitoramento Global, de Educação para Todos* – Bases sólidas: educação e cuidados na primeira infância. São Paulo: Moderna, 2007.

Cientes de que a primeira infância é um período rico em transformações e, por isso, sensível, e de que programas voltados para esse período compensam desigualdades, ajudam a superar a pobreza e a exclusão, esse mesmo governo trata o programa de Cuidados e Educação na Primeira Infância (Cepi) com uma importância menor que aquela que lhe é devida. Conforme o Relatório de Monitoramento Global de Educação para Todos de 2007, assim se apresentam os **programas no Brasil**.

O mesmo governo que se orgulha de dar apoio financeiro a famílias carentes, com programas sociais contra a exclusão, bolsa-escola, vale-gás e vale-alimentação, parece acreditar que a educação de crianças menores de 3 anos de idade é de responsabilidade desses mesmos pais que sustenta de forma paternalista, ou de instituições particulares e de organizações não governamentais. Essa realidade brasileira tem de mudar e a priorização de programas governamentais voltados para o Cepi envolvendo a família torna-se urgente.

> "Mesmo nos casos em que foi atribuída ao Ministério de Educação a responsabilidade administrativa sobre o grupo de crianças menores de 3 anos de idade – por exemplo, Brasil e alguns outros países, como Botsuana, que caminham nessa direção –, poucas informações são relatadas sobre os programas e serviços existentes." (Unesco, 2007, p. 137).

O problema deste estudo investigativo é: como os adultos do grupo familiar com filhos na faixa etária de 0 a 3 anos ou do grupo cuidador dessas crianças são capazes, por meio de interações e de práticas orais de leitura, de aproximar essas crianças do livro e da literatura para transformá-las em leitores precoces? A resposta a essa pergunta possibilitará a estruturação de projetos de leitura que envolvam a família, redirecionando, assim, o foco das investigações que ora se realizam no Brasil.

Em relação à relevância social da investigação, entende-se que, com o apoio de instituições que já trabalham com gestantes, mães, crianças e cuidadores, a implantação de um projeto voltado ao tema é possível e necessária. Promover a conscientização da importância de incentivar a leitura desde o período pré-natal nesses grupos da comunidade, atendidos por diferentes instituições formais e não formais, e a implantação de práticas efetivamente direcionadas a essa conscientização é a contribuição social mais significativa do estudo.

A promoção de ações de leitura no âmbito familiar o mais cedo possível, com a finalidade de desenvolver comportamentos de leitura na criança em direção a sua transformação em leitor precoce, por meio de práticas orais de leitura que envolvam canções, rimas, trava-línguas, parlendas, brincadeiras e relato de narrativas, é caminho ainda não experimentado, porém necessário, num país que clama por mudanças em todos os segmentos.

No processo do despertar da consciência de pais e cuidadores de crianças, é fundamental que se ofereçam subsídios teórico-práticos sobre recursos materiais e atividades de leitura que contribuam para o desenvolvimento cognitivo e afetivo de seus bebês; que se mostre a importância da afetividade nas relações do bebê com seus familiares e cuidadores como um recurso para introduzir práticas de leitura sedutoras; que se entenda que a fisiologia e a anatomia do cérebro infantil se transformam quando este é estimulado e alimentado com experiências adequadas e, também, que se elabore um programa de incentivo à leitura na infância inicial com ações para serem desenvolvidas

Bebê - Bebeteca - Biblioteca - Brincadeiras - Canções - Cérebro - Criança - Cuidadores - Desenvolvimento Emoção - Experiências - Feto - Recém-nascido - Gestante - Infância inicial - Leitura - Linguagem - Literatura Livros - Mediação - Narrativas - Pais - Período crítico - Rimas

com gestantes e cuidadores de crianças da faixa etária em questão, as quais resultem no estímulo à leitura a partir dessa etapa do desenvolvimento humano.

No que diz respeito às teorias que fundamentam o estudo, convém ressaltar que uma única teoria não engloba todos os aspectos do desenvolvimento humano. Muitas surgiram e continuam surgindo na tentativa de melhor entender ou justificar o desenvolvimento dos seres humanos. Este estudo, focado especificamente num período que compreende a gestação e os 3 primeiros anos de vida da criança, representa a convergência de distintos subsídios teóricos.

Utiliza-se neste trabalho parte de três principais enfoques teóricos existentes no campo do desenvolvimento humano: o cognitivo-desenvolvimental de Piaget (1987), o da aprendizagem de Bandura (1977) e o histórico-cultural de Vygotsky (1996). Para ampliar o entendimento da proposta, também foram revisados Bee e Mitchell (1986), cujos estudos contemplam as duas primeiras teorias citadas.

Como as novas descobertas sobre a mente humana e a maneira pela qual se processam todas as atividades e as emoções derrubam antigos conceitos, comprovando que a partir do nascimento a criança é capaz de aprender de modo significativo para o período ulterior, buscaram-se também fundamentos na área da ciência neurológica, conhecida como "neurociências", com Purves et al. (2005), e na medicina pediátrica, com Klaus e Klaus (2001), para entender o recém-nascido.

As teorias necessárias para embasar a importância do ato de ler, seu envolvimento e implicações emergem principalmente das ideias de Jouve (2002). Em Bettelheim (1980), Wolffenbüttel (1995) e Pimentel e Pimentel (2002), buscou-se o suporte necessário para

Bebê - Bebeteca - Biblioteca - Brincadeiras - Canções - Cérebro - Criança - Cuidadores - Desenvolvimento Emoção - Experiências - Feto - Recém-nascido - Gestante - Infância inicial - Leitura - Linguagem - Literatura Livros - Mediação - Narrativas - Pais - Período crítico - Rimas

mostrar que o incentivo à leitura se faz com textos literários. E para falar de mediadores e mediação, as contribuições de Cerrillo (2002) e Maturana (1998) foram fundamentais.

Assim, valer-se de enfoques teóricos tradicionais, porém considerando os novos pontos de vista que surgem a partir desses enfoques, verificando em que aspecto cada um se destaca para embasar este estudo investigativo é, no mínimo, um gesto de coerência.

Para o esclarecimento dos leitores deste trabalho, definem-se os seguintes termos: "recém-nascido", "bebê", "nenê", "criança", "infância inicial", "interação", "cuidadores", "pai", "mãe" e "período crítico". Para denominar o ser humano no período da gestação até os três anos de idade, cujo crescimento e desenvolvimento constituem-se como alvo da pesquisa, serão usados os termos "bebê", "nenê" e "criança"; e, para aqueles que se encontram no período entre o nascimento e um mês de idade, "recém-nascido". Esse período temporal será chamado de "**infância inicial**".

> Neste estudo investigativo a palavra "infância", que no dicionário significa "primeiro período de vida, do nascimento aos sete anos mais ou menos", incorpora um período precedente ao nascimento – a gestação – por ser esse um momento no qual o feto já é considerado um ser vivo que comprovadamente sofre influências externas. O acréscimo do adjetivo inicial, por outro lado, reduz o período de sete para três anos. Assim, "infância inicial", neste trabalho, significa o período que vai da concepção aos três anos de idade.

A palavra "interação", utilizada cotidianamente para designar relacionamento, é empregada neste estudo como ação recíproca resultante de uma combinação de influências, e o termo "cuidadores" para designar quaisquer adultos responsáveis pelos cuidados com a criança na ausência ou falta das figuras paterna e materna no lar ou em instituições que acolhem crianças.

Relativamente aos diferentes modelos familiares constituídos na atualidade, a ausência de famílias na criação de uma criança ou a substituição de pais biológicos por pais adotivos, os termos "pai" e "mãe" são utilizados para se referir aos pais biológicos e aos adultos que representam as figuras "materna" e "paterna", independentemente do sexo.

Bebê - Bebeteca - Biblioteca - Brincadeiras - Canções - Cérebro - Criança - Cuidadores - Desenvolvimento
Emoção - Experiências - Feto - Recém-nascido - Gestante - Infância inicial - Leitura - Linguagem - Literatura
Livros - Mediação - Narrativas - Pais - Período crítico - Rimas

Por fim, utiliza-se a expressão "período crítico" ou "janela temporal", que, segundo Purves et al. (2005, p. 521), significa "o tempo durante o qual um dado comportamento humano é especialmente suscetível a – e de fato requer – influências ambientais específicas para se desenvolver normalmente".

Não menos importante que saber quando iniciar a promoção de leitura é saber o que fazer, por que fazer, como fazer e quem deve fazer essa atividade. Com o intuito de responder a essas perguntas, este livro está dividido em seis capítulos. "Mapeando os caminhos da leitura" introduz o trabalho, apresentando a justificativa, o problema, os objetivos, os principais teóricos e os capítulos que constituirão o trabalho.

O segundo capítulo, "Fundamentando teoricamente as ações de leitura", expõe o embasamento teórico necessário, subdividindo-se em quatro partes: a primeira, "Desenvolvimento da criança", resume as principais teorias que procuram explicar o desenvolvimento do bebê em diversas áreas; a segunda parte, "Infância inicial: o momento ideal", mostra a importância da plasticidade do cérebro nesse período para o desenvolvimento de comportamentos; a terceira, "Promoção de leitura se faz com literatura", esclarece os pais e os cuidadores sobre a importância da literatura oral e da leitura de textos literários na infância como um recurso de formação; a quarta e última parte, "Pais e cuidadores: perfeitos mediadores", revela que é o grupo familiar – doméstico ou habitual – que, por meio de interações afetivas com a criança, torna-se mediador e, portanto, o ponto de enlace entre livro e leitor.

No terceiro capítulo, "Percorrendo caminhos para uma ação de leitura", a metodologia empregada na investigação e a maneira como foi construída são explicitadas com o propósito de esclarecer o percurso realizado

Bebê - Bebeteca - Biblioteca - Brincadeiras - Canções - Cérebro - Criança - Cuidadores - Desenvolvimento
Emoção - Experiências - Feto - Recém-nascido - Gestante - Infância inicial - Leitura - Linguagem - Literatura
Livros - Mediação - Narrativas - Pais - Período crítico - Rimas

até a escritura deste trabalho. No quarto capítulo, "Descrevendo e analisando projetos de leitura na infância inicial", os projetos de leitura observados são apresentados ao leitor e examinados com base nas teorias expostas no capítulo de número dois.

No quinto capítulo, "Propondo um programa de leitura", apresenta-se um programa de incentivo à leitura para bebês cuja preocupação é inserir a população em massa num projeto social não só capaz de alterar as estruturas que originam as desigualdades sociais, mas também de capacitar a criança para, num futuro próximo, exercer o direito de escolha, que a transformará num cidadão livre.

Em "Lendo na infância inicial: uma variável emocional, intelectual e social", apresentam-se as considerações finais a respeito da promoção de leitura na infância inicial e seus efeitos.

Ao investigar, pensar e propor "um programa de leitura" direcionado a bebês de 0 a 3 anos de idade, envolvendo pais e cuidadores, a pesquisa assume uma característica de ineditismo no Brasil, fornecendo embasamento teórico para futuras ações de incentivo à leitura que permitam construir uma infância sadia e, assim, mudar a realidade.

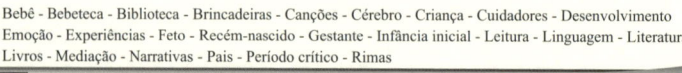

Bebê - Bebeteca - Biblioteca - Brincadeiras - Canções - Cérebro - Criança - Cuidadores - Desenvolvimento
Emoção - Experiências - Feto - Recém-nascido - Gestante - Infância inicial - Leitura - Linguagem - Literatura
Livros - Mediação - Narrativas - Pais - Período crítico - Rimas

FUNDAMENTANDO TEORICAMENTE AS AÇÕES DE LEITURA

> "Saiba: todo mundo teve infância
> Maomé já foi criança
> Arquimedes, Buda, Galileu
> E também você e eu."
>
> **Arnaldo Antunes**

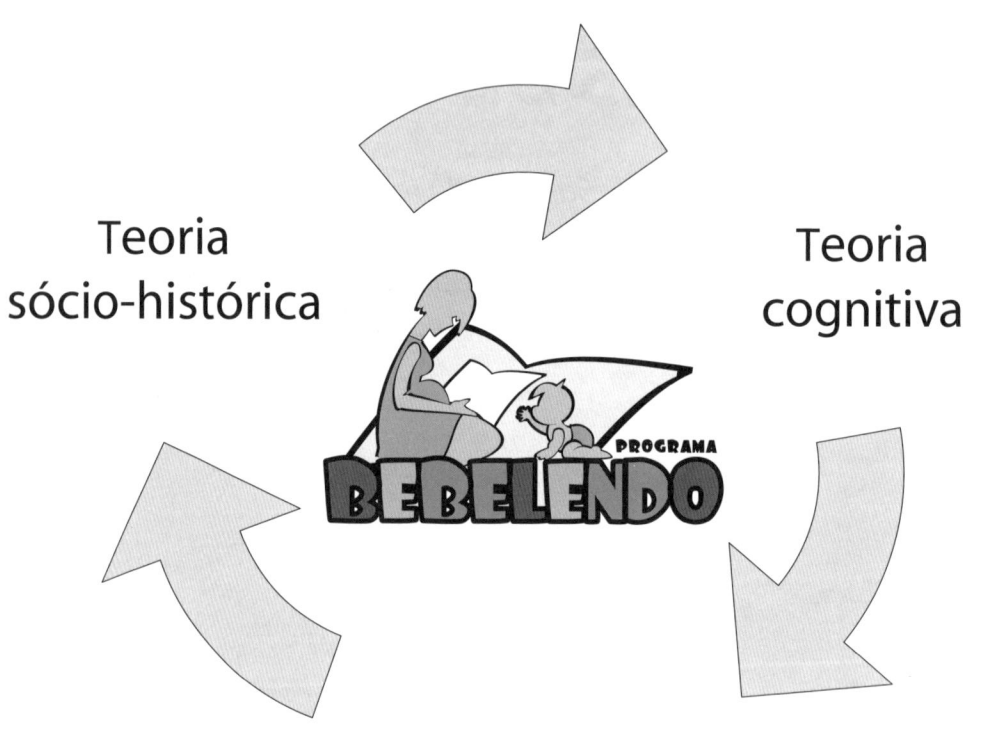

Desenvolvimento da criança

*"Saiba: todo mundo vai morrer
Presidente, general ou rei
Anglo-saxão ou muçulmano
Todo e qualquer ser humano."*

Arnaldo Antunes

O desenvolvimento de "todo e qualquer ser humano", que se inicia com o nascimento e termina com a morte, foi e continua sendo alvo de inúmeras pesquisas na tentativa de compreender e explicar como mudanças acontecem durante o desenvolvimento. Os modelos teóricos que surgiram para explicar esse desenvolvimento são diversos e foram influenciados por condições particulares vivenciadas pelos pesquisadores e pelo momento em que surgiram. Aparecendo em sequência cronológica, esses diferentes fundamentos teóricos ora se chocam total ou parcialmente, ora se complementam.

Por isso, dois principais enfoques teóricos tradicionais – o cognitivo-desenvolvimental e o da aprendizagem – são aqui apresentados de forma resumida, acrescidos do histórico-cultural. Acredita-se que sejam esses pontos de vista a base para muitas outras teorias que surgiram na tentativa de entender o processo do desenvolvimento da criança.

Algumas dessas teorias abrangem todo o desenvolvimento humano; outras, apenas a infância. Para este estudo investigativo são trazidas para discussão apenas as partes de cada teoria que se referem à infância inicial. Em relação às teorias de "estágio", como são chamadas aquelas que dividem o desenvolvimento humano de acordo com a idade, somente as etapas que se referem à faixa etária de 0 a 3 anos serão focadas.

Teoria cognitiva – Piaget

> A teoria cognitivo-desenvolvimental dá maior destaque ao desenvolvimento do pensamento e à relação com objetos. A figura principal desta teoria foi Jean Piaget. Seus pressupostos básicos são: a criança nasce com recursos para interagir com o meio; o desenvolvimento do raciocínio está baseado nesses recursos; com o passar do tempo, esses recursos deixam de ser reflexos para se tornarem voluntários; as descobertas da criança acontecem em sequência e o ritmo com que a criança passa por isso pode ser alterado pelo ambiente em que ela cresce.

Nessa perspectiva teórica, a criança procura experiências e usa o ambiente, tornando-se, assim, um ser ativo no processo de descoberta e crescimento. Quanto à maturação, Piaget (1987, p. 13) aceita-a como uma das influências internas que atuam no desenvolvimento, já que as explorações da criança podem ser limitadas por seu crescimento físico: "É evidente, em primeiro lugar, que certos fatores hereditários condicionam o desenvolvimento intelectual. [...] são de ordem estrutural e estão vinculados à constituição do nosso sistema nervoso e dos órgãos sensoriais."

Para Piaget a interação com o ambiente assume formas diferentes de acordo com a faixa etária do indivíduo. A essas formas típicas de agir e pensar, ele denominou "estágio" ou "período". Interessam a esta pesquisa os dois primeiros períodos: o sensório-motor, que compreende do 0 até 24 meses, e o início do pré-operacional, que abrange dos 2 aos 7 anos. O estágio sensório-motor foi dividido por Piaget (1987) em seis subestágios, os quais serão explanados de forma resumida.

O primeiro estágio (nascimento até 1 mês) consiste em dominar os exercícios dos reflexos que acompanham o bebê quando nasce. Essas ações reflexas são a forma mais simples de comportamento e são modificadas pela experiência. Apesar de estarem prontas no nascimento, sofrem, segundo Piaget, um **processo de adaptação** que envolve assimilação e acomodação.

> "No que diz respeito a sua adaptação, é interessante notar que o reflexo, por muito bem montado que esteja como mecanismo fisiológico hereditário e por muito bem fixado que pareça em seu automatismo imutável, nem por isso necessita menos de certos exercícios para adaptar-se verdadeiramente e nem por isso é menos suscetível de acomodação gradual à realidade exterior." (1987, p. 39).

O segundo estágio (1 até 4 meses) caracteriza-se pelas primeiras adaptações adquiridas e pela reação circular primária (voltadas para o corpo). As adaptações adquiridas, também chamadas de "reflexos condicionados", acontecem a partir do primeiro mês, quando os

Bebê - Bebeteca - Biblioteca - Brincadeiras - Canções - Cérebro - **Criança** - Cuidadores - **Desenvolvimento** Emoção - Experiências - Feto - Recém-nascido - Gestante - Infância inicial - Leitura - Linguagem - Literatura Livros - Mediação - Narrativas - Pais - Período crítico - Rimas

comportamentos começam a se modificar sob a influência de experiências. Essa adaptação, portanto, envolve uma aprendizagem.

Um comportamento, que anteriormente era considerado um reflexo hereditário, passa a ser reconhecido como uma reação circular primária quando nele houver a incorporação de um dado exterior e for repetido pela criança. Segundo Piaget (1987, p. 57), "os reflexos da boca e da mão não preveem hereditariamente tal coordenação (não existe um instinto de chupar o dedo!) e só a experiência explica a sua formação."

No terceiro estágio (de 4 até 8 meses) aparecem as reações circulares secundárias (voltadas para o meio) e o conceito de objeto começa a se desenvolver. A preensão assinala o início dos comportamentos complexos do terceiro estágio, com a boca, o olho e o ouvido. Para Piaget (idem, p. 94), "a mão é um dos instrumentos mais essenciais de que a inteligência se servirá." A criança usa a capacidade de preensão em comportamentos diversos relacionados com coisas exteriores ao corpo e repete aqueles cujos resultados são interessantes, o que pode ser o início de ações intencionais.

O manuseio do móbile por parte da criança é um exemplo típico de reação circular secundária. A ação do bebê com esse brinquedo, que pode começar acidentalmente, será repetida se ele achar que o resultado foi interessante ou proporcionou algum tipo de prazer.

No quarto estágio (de 8 até 12 meses), a criança começa a **coordenar ações** que lhe são familiares e usa-as em outras situações para conseguir o que deseja. É a fase em que as condutas propriamente inteligentes são encontradas.

Os meios utilizados pela criança para atingir um objetivo são variados e os esquemas

> "A criança já não procura apenas repetir ou fazer durar um efeito que descobriu ou observou por acaso; ela persegue um fim não imediatamente acessível e tenta alcançá-lo graças a diferentes 'meios' intermediários. Quanto a esses meios, trata-se ainda, é certo, de esquemas conhecidos e não de novos meios." (Piaget, 1987, p. 204).

antigos são aplicados a novas situações com uma intencionalidade de comportamento que já pode ser notada. O bebê usará todos os comportamentos que possui, por exemplo, para conseguir um brinquedo que está fora do seu alcance, sem, no entanto, criar um novo meio para obter o resultado, além de os fins não serem pensados nem planejados.

O estágio cinco (de 12 até 18 meses) envolve o aumento da capacidade de adaptação ao meio em termos de comportamentos visíveis. Novas formas de ação passam, então, a ser inventadas pela criança para atingir o objetivo almejado.

É uma reação inovadora pela repetição dos movimentos de forma variada e graduada, visando a uma compreensão dos resultados. Nessa etapa a criança já é capaz de entender os vários deslocamentos consecutivos de um mesmo objeto, sendo capaz de procurá-lo não mais no primeiro local em que foi colocado, mas no último.

O sexto estágio do desenvolvimento (de 18 até 24 meses) corresponde à representação interna do mundo exterior, quando a criança pode utilizar imagens, palavras ou ações para substituir os objetos e os acontecimentos. A representação mental permite que a criança, ao tentar resolver um problema, interrompa a ação e, de certa forma, imagine a situação e a solução para essa dificuldade. De acordo com Piaget (1987, p. 311), "[é] o momento em que a consciência das relações atinge uma profundidade suficiente para permitir uma premeditação (isto é, uma previsão meditada), o que significa, justamente, uma invenção que se desenvolve por simples combinação mental."

O período de desenvolvimento seguinte, chamado de "pré-operacional" (de 2 até 7 anos) coincide com o começo do desenvolvimento ativo da linguagem por parte da

Bebê - Bebeteca - Biblioteca - Brincadeiras - Canções - Cérebro - **Criança** - Cuidadores - **Desenvolvimento**
Emoção - Experiências - Feto - Recém-nascido - Gestante - Infância inicial - Leitura - Linguagem - Literatura
Livros - Mediação - Narrativas - Pais - Período crítico - Rimas

criança, o que permite que ela, além de se utilizar da inteligência prática adquirida nos estágios anteriores, inicie a capacidade de representação. A criança consegue desenvolver essa capacidade a partir do momento em que usa um objeto como se fosse outro, formando esquemas simbólicos.

Essa capacidade de representação acontece de três formas: com objetos, quando a criança, por exemplo, usa uma caixinha como se fosse um carrinho para brincar; com situações, quando ela brinca de casinha; ou com palavras, quando estas representam as pessoas, os objetos ou as situações. Nesse período acontece um aumento lento e gradual da capacidade de pensar, porém a criança permanece muito egocêntrica – vê a maior parte das coisas a partir do seu ponto de vista – e ligada às ações.

Piaget revela a certeza de que a criança, a partir do nascimento, está pronta para interagir com objetos; de que essa interação atua sobre os reflexos que ao longo do tempo se transformam, construindo, assim, a sua inteligência, e, principalmente, que o ambiente é capaz de alterar a qualidade e o ritmo do desenvolvimento da criança reforçam a crença na importância de qualificar o contexto dessa criança.

Na primeira infância, o contexto não pode ser entendido como algo que está pronto. Cabe aos pais selecionar e construir esse contexto, cujos critérios variam de acordo com as circunstâncias. Objetos relacionados à leitura com os quais a criança possa interagir, fazendo experimentações e, com isso, aprimorando suas capacidades físicas e mentais, servem de estímulo para o desenvolvimento de comportamentos de leitura a partir do nascimento. As imagens fazem parte do mundo da criança; logo, disponibilizar livros durante o banho, ou em qualquer outro momento em que o bebê esteja alerta, é dar oportunidade para que ele

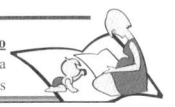

perceba o livro como um objeto de manipulação e aprendizado. Assim, o livro e a leitura passam a fazer parte do seu mundo de forma natural. São atividades de leitura precoces, que enriquecem o ambiente e alteram o ritmo do desenvolvimento da criança em momentos especiais da sua vida.

Estágios do desenvolvimento	
• Sensório-motor (0-24 meses)	1. (0-1 mês): domínio dos reflexos. 2. (1-4 meses): adaptações adquiridas e reações circulares primárias (voltadas para o corpo). 3. (4-8 meses): preensão, reações circulares secundárias (voltadas para o meio) e início do conceito de objeto. 4. (8-12 meses): coordenação de ações e comportamento intencional. 5. (12-18 meses): maior capacidade de adaptação ao meio, novas formas de ação e compreensão de resultados. 6. (18-24 meses): representação interna do mundo exterior.
• Pré-operacional (2-7 anos)	• Desenvolvimento ativo da linguagem e início da capacidade de representação.

Outra tendência no estudo do pensamento é a teoria da aprendizagem social, que, a partir de 1950, passou a dominar o pensamento de alguns psicólogos do desenvolvimento, entre os quais está Albert Bandura.

Segundo Bee e Mitchell (1986), Bandura dá ênfase à aprendizagem observacional. Ele respeita a teoria do condicionamento operante porque entende que o reforçamento é essencial para o desempenho do comportamento, mas acredita que, relativamente à aprendizagem de novos comportamentos, estes acontecem de forma efetiva por meio da observação.

"Com exceção dos reflexos elementares, as pessoas não estão equipadas com repertórios inatos de comportamento. Elas têm que aprendê-los. Novos padrões de resposta podem ser adquiridos ou através de experiência direta ou por meio de observação." (apud Bee; Mitchell, 1986, p. 348).

Teoria da aprendizagem social – Bandura

Para Bandura, os **comportamentos não são inatos**, mas aprendidos.

A teoria de Bandura não rejeita a biologia, defendendo a ideia de que comportamentos podem ser afetados por influências internas, sem deixar de acentuar a importância do ambiente na formação do comportamento observado. Nessa teoria, o princípio básico está na distinção entre aprendizagem e desempenho, que são influenciados, de acordo com o teórico, por "quatro processos: atenção, retenção, reprodução e motivação." (apud Bee; Mitchell, 1986, p. 350).

No primeiro processo acontece uma seleção daquilo que será alvo da atenção, o que é fundamental para a aprendizagem observacional. Características do modelo e da

atividade em si, como superioridade, distintividade, competência, afetividade e valor funcional, além das características do observador, como capacidade sensorial, nível de excitação e reforçamento, por exemplo, servem de estímulos para o processo de atenção.

A retenção é um processo no qual a informação que é observada tem de ser codificada simbolicamente, organizada cognitivamente e ensaiada pelo observador. Por sua vez, a reprodução é um processo que envolve capacidade física. A criança tem de buscar na memória aquilo que foi armazenado e transformá-lo em comportamento. Como pode haver dificuldade nesse processo, um reforço adequado faz parte do processo de reprodução.

A motivação é necessária para o desempenho de um comportamento aprendido. São processos motivacionais, de acordo com Bandura (1977), o reforçamento externo, o reforçamento vicariante e o autorreforçamento. No reforçamento externo, o observador é incentivado ao desempenhar o comportamento observado; no vicariante, o modelo observado é fortalecido e, no autorreforçamento, o observador controla o próprio incentivo. É importante ressaltar como as consequências que um modelo experimenta (premiação ou punição) servem de motivação para a criança que tende a imitar um comportamento que foi premiado.

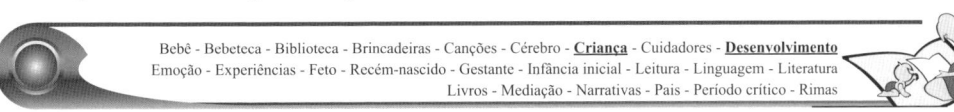

Se toda a gama de comportamentos sociais pode ser aprendida pela observação, crianças que observam seus pais frequentando bibliotecas, manuseando livros e lendo para os filhos aprenderão esses comportamentos. No entanto, é importante frisar que os pais não são os únicos modelos de uma criança. Os amigos, os professores, outros adultos e a televisão também são observados e podem ser copiados pela criança, o que explica parte das diferenças entre crianças da mesma idade.

Falar de aprendizagem na infância implica falar, também, sobre a televisão, que se faz presente em praticamente todos os lares, independentemente de classe econômica, social e cultural. Ela uniformizou os comportamentos de acordo com uma cultura de massa, de forma significativa. Cumpre-lhe, em muitos lares, o papel de babá eletrônica – mantendo os filhos quietos – e de preencher o tempo ocioso, reduzindo, assim, o período para atividades sociais, motoras e lúdicas, bem como para as emoções autênticas pelas quais uma criança poderia passar durante a infância.

Na relação entre a televisão e o espectador, este é visto como um comprador de produtos comerciais, de ideias políticas e modelos de cantores, atores e, principalmente, de situações de violência e sexo. A criança que nasce hoje, ao chegar à adolescência, terá passado mais tempo diante da tela de uma televisão do que com qualquer outra atividade isolada que não seja a de dormir. A dessensibilização emocional que essa exposição contínua pode causar na criança, além da antecipação precoce da adolescência pela convivência diária com tipos de comportamentos violentos, por exemplo, levando a uma apatia diante desses, é um problema real da presença – não controlada – da TV na educação infantil. A televisão influencia a aprendizagem como modelo.

A criança precisa da proteção adequada da família em relação à televisão. Cabe à família reconhecer seus acertos e seu poder educativo, de comunicação e de lazer embutido na grade de programação, mas sobretudo aprender a questionar, a rejeitar e a controlar programas que prejudicam o desenvolvimento da criança, bem como o tempo que ela permanece diante

Bebê - Bebeteca - Biblioteca - Brincadeiras - Canções - Cérebro - **Criança** - Cuidadores - **Desenvolvimento**
Emoção - Experiências - Feto - Recém-nascido - Gestante - Infância inicial - Leitura - Linguagem - Literatura
Livros - Mediação - Narrativas - Pais - Período crítico - Rimas

da TV – um elemento restritivo para outras ocupações e capaz de alterar, principalmente, as atividades motoras na infância inicial. É papel dos pais resguardar o desenvolvimento apropriado dos filhos.

Nesse contexto, ações de leitura com bebês a partir do nascimento têm mais chances de criar comportamentos de leitura, uma vez que a presença da televisão nesse período é quase nula, não oferecendo qualquer tipo de concorrência E as relações sociais da criança que poderão servir como modelagens são constituídas, num primeiro momento, de adultos e crianças do núcleo familiar, o que permite um total controle sobre os comportamentos que se quer estabelecer. No caso de crianças que frequentam creches, toda atividade deve ser planejada; o ambiente adequado e os possíveis desvios de comportamentos que podem ser observados e copiados precisam ser corrigidos antes que sirvam de modelo.

Comportamentos* (são adquiridos)	• Experiências diretas		
	• Observação (Envolve)	• Aprendizagem	• Atenção • Retenção
		• Desempenho	• Reprodução • Motivação
* São afetados por influências internas.			

Teoria sócio-histórica – Vygotsky

A fase inicial do desenvolvimento comportamental do bebê constitui-se de sensações orgânicas restritas ao corpo. A visão marca a substituição desse processo orgânico por outro que envolve a realidade externa e social, marcando o início das interações. Todo estímulo visual deixa um traço sobre a retina que funcionará, inicialmente, como uma experiência prévia. Novos estímulos visuais serão avaliados e processados na perspectiva dessa experiência prévia: "Cada objeto visualmente

Pode-se dizer que a teoria sócio-histórica de Vygotsky, assim como a de Piaget, é construtivista, defendendo a inteligência como um processo de construção a partir das relações recíprocas da criança com o meio. O que diferencia os dois teóricos é o fator cultural que influencia esse processo a partir do nascimento. A aculturação é a responsável por novas e diferentes formas de comportamento em dois momentos: quando a criança usa uma ferramenta para atingir um fim e quando, em processos mediados, é estimulada por signos para reconstruir comportamentos.

Bebê - Bebeteca - Biblioteca - Brincadeiras - Canções - Cérebro - **Criança** - Cuidadores - **Desenvolvimento** - Emoção - Experiências - Feto - Recém-nascido - Gestante - Infância inicial - Leitura - Linguagem - Literatura - Livros - Mediação - Narrativas - Pais - Período crítico - Rimas

percebido deixa um determinado pós-efeito sobre a criança." (Vygotsky, Luria, 1996, p. 158). O mundo das imagens visuais substitui o das percepções fisiológicas de maneira evolutiva.

O processo de aculturação, na infância inicial, possui dois estágios. O primeiro ocorre quando a criança começa utilizar ferramentas para alcançar um fim, o que acontece, de acordo com os autores, por volta de um ano e meio a 2 anos: "A primeira atitude funcional em relação a um objeto é o primeiro passo para estabelecer uma ligação ativa, e não puramente mecânica com o mundo exterior." (Vygotsky; Luria, 1996, p. 181). Um dos indicadores do nível de desenvolvimento psicológico da criança é, portanto, a capacidade de fazer uso de ferramentas, primeiro passo para atingir um comportamento intelectual mais complexo.

A criança desenvolve a capacidade de preensão de um objeto, mas é pela interação com um adulto que ela descobre que tal objeto pode ser utilizado para outras finalidades. O primeiro talher que a criança segura na mão, por exemplo, é a colher, e com treino ela pode levar o alimento do prato à boca. Esse comportamento, inicialmente, é imitativo e ainda não caracteriza o uso de um objeto como ferramenta, o que só acontecerá quando se tornar espontâneo e ocorrer numa situação não habitual, por exemplo, tirar o alimento do prato da mãe e trazê-lo para o seu ou usar a colher para alcançar, tocar ou empurrar outro objeto. A criança controla o objeto e usa-o de modo funcional.

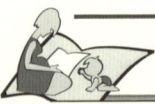

O surgimento de **processos mediados** no comportamento da criança caracteriza o segundo estágio do desenvolvimento cultural.

> "Esses processos reconstroem o comportamento com base no uso de signos como estímulos. Esses modos de comportamento, adquiridos no decorrer da experiência cultural, reconstroem também as funções psicológicas básicas das crianças e as equipam com novas armas, desenvolvendo-as." (Vygotsky; Luria, 1996, p. 184)

Nesse segundo momento, o uso de signos, como palavras, gestos e imagens, entre outros, serve para reconstruir um comportamento que já existe, adaptando a criança em seu contexto social e cultural, ou para melhorar funções psicológicas. No exemplo do talher, é pela mediação que a criança descobrirá, na cultura ocidental, uma função específica para a colher, passando a utilizá-la apenas para refeições cujo alimento tenha consistência líquida ou pastosa.

As funções psicológicas básicas, que também podem ser reequipadas por meio de processos mediados, são a memória, a atenção, a abstração, a fala e o pensamento. A forma natural de memória de uma criança, por exemplo, pode ser melhorada se estimulada por meio de técnicas culturais. Numa atividade que envolva números, o mediador pode orientar a criança a utilizar palitos, marcações num pedaço de papel ou fazer associações com imagens; enfim, é uma técnica culturalmente desenvolvida, que serve para auxiliar a memória. É na aquisição cultural de métodos mediados antigos ou modernos que a criança pode melhorar sua memória e cada uma dessas funções especiais que a diferenciam dos seres irracionais.

A utilização de signos na interação com o bebê é essencial para o seu desenvolvimento. É um comportamento fácil que pais e cuidadores podem adotar no dia a dia. Esses signos, utilizados como estímulos para desenvolver a atenção em processos mediados, desempenham um papel de denotação, concentração e diferenciação, razão por que devem ser usados em interações com a criança.

Segundo Vygotsky e Luria (1996, p. 201), a abstração, criada pelo desenvolvimento cultural, é um dos instrumentos mais poderosos na mente da pessoa cultural: "A abstração é parte integrante, necessária, de todo tipo de processo de pensamento, uma técnica criada no processo de desenvolvimento da personalidade, e condição e instrumento necessário de seu pensamento." A abstração pode ser estimulada com pequenas brincadeiras nas quais os adultos mostram objetos e, em seguida, escondem-nos para que a criança possa procurá-los. Percebe-se que uma criança começa a abstrair quando é capaz de entender que um objeto ou pessoa que não está no seu campo de visão existe.

A fala e o pensamento são funções especiais culturalmente desenvolvidas; a riqueza daquela função atesta a riqueza desta. Em várias etapas do desenvolvimento, essas funções podem existir independentemente. Segundo os autores, isso acontece da seguinte forma: a criança passa, primeiro, pelos reflexos vocalizados; segundo, pelos sons imitados; terceiro, pelos pensamentos expressos por sons, e só depois usa os sons para alcançar um objetivo. É quando ela descobre o uso funcional da palavra para nomear objetos ou expressar desejos, por exemplo.

Até um ano de idade, segundo os autores, a criança representa um ser mudo; a partir daí, começa a imitar os sons que ouve, o que cria as primeiras condições para que ela comece a usar as palavras funcionalmente. "O primeiro período de uso significativo da fala é sempre um período de sentenças de uma só palavra", seguido de um período no qual inventa palavras, tornando o pensamento verbal. Além de enriquecer e estimular o pensamento, a fala reestrutura e reconstrói a mente da criança (Vygotsky e Luria, 1996, p. 210).

Bebê - Bebeteca - Biblioteca - Brincadeiras - Canções - Cérebro - **Criança** - Cuidadores - **Desenvolvimento**
Emoção - Experiências - Feto - Recém-nascido - Gestante - Infância inicial - Leitura - Linguagem - Literatura
Livros - Mediação - Narrativas - Pais - Período crítico - Rimas

A evolução intelectual, para Vygotsky, caracteriza-se por saltos qualitativos de um nível de conhecimento para outro. Para explicar como isso acontece, esse estudioso desenvolveu o conceito de **Zona de Desenvolvimento Proximal** (ZDP).

São os processos sociais que levam ao funcionamento mental. Uma criança aprende porque um adulto ou outra criança mais experiente a estimula para que isso aconteça. Se já desempenha um determinado comportamento, ela está apta para, a partir desse comportamento, aprender um novo, mais complexo, com a ajuda de um mediador. Esse período de aprendizagem mediada é chamado de "Zona de Desenvolvimento Proximal", que dura até que o novo comportamento se estabeleça sobre o antigo.

Como o próprio nome diz, essa zona separa a criança de um comportamento que ela já possui, porque já tem um conhecimento consolidado, de um comportamento que ela ainda não possui, mas é capaz de desempenhar com o auxílio de alguém mais experiente; toda função se desenvolve, primeiro, interpessoalmente e, a seguir, intrapessoalmente (1998, p. 75). Por exemplo, a criança conhece os números de 1 a 10 e sabe verbalizá-los; um adulto pode, então, ensiná-la a somar. Esse novo comportamento surge, primeiro, através de uma experiência social para depois se constituir numa experiência individual interna da criança.

> "A distância entre o nível de desenvolvimento real, que se costuma determinar através da solução independente de problemas, e o nível de desenvolvimento potencial, determinado através da solução de problemas sob a orientação de um adulto ou em colaboração com companheiros mais capazes." (1998, p. 112).

Para aprofundar o conhecimento sobre zona de desenvolvimento proximal sugere-se: VYGOTSKY, L. S.; COLE, M. et al. (Orgs.). *A formação social da mente:* o desenvolvimento dos processos psicológicos superiores. Trad. José Cipolla Neto, Luis Silveira Menna Barreto, Solange Castro Afeche. 6. ed. São Paulo: Martins Fontes, 1998.

	Comportamentos (resultam)		
Aculturação	• **Uso da ferramenta** para atingir um fim (por meio da interação)		
	• **Uso de processos mediados com signos**	• Reconstrução de comportamentos*	
		• Aprimoramento das funções psicológicas	• Memória • Atenção • Abstração • Fala • Pensamento

*Zona de desenvolvimento proximal.

A criança nasce com a possibilidade de ler, mas são os estímulos adequados, no momento certo, que vão levá-la a fazê-lo. O desenvolvimento da leitura exige um processo de aprendizagem apropriado. Assim como a leitura, os comportamentos de leitura não são inatos; exigem um aprendizado que pode ser planejado com base em uma ou em todas as teorias citadas anteriormente. Fazendo uma análise dessas teorias, podem-se aproximar questões sobre o desenvolvimento da criança e o processo de aprendizagem mediado, o que facilitará o planejamento de futuros projetos de incentivo à leitura para bebês.

As ideias dos três teóricos utilizados nessa fundamentação abrangem pontos de vista muito distintos; por isso, essa aproximação acontece ora com um, ora com outro. Para falar do desenvolvimento do pensamento e da aprendizagem podem-se aproximar as ideias de Piaget e Vygotsky, nas quais o enfoque no desenvolvimento do pensamento está centrado na criança; as ações/interações contribuem para o desenvolvimento do pensamento e o pensamento funciona como parte de um sistema.

É possível fazer uma aproximação entre Bandura e Vygotsky ao se constatar que ambos dão ênfase ao relacionamento com pessoas, no entanto de formas distintas. Para Vygotsky, o fator cultural desse relacionamento é responsável pelo desenvolvimento intelectual da criança, ao passo que, para Bandura, experiências observadas repetidamente levam à aprendizagem.

Infância inicial: o momento ideal

"Saiba: todo mundo foi neném
Einstein, Freud e Platão também
Hitler, Bush e Saddan Hussein
Quem tem grana e quem não tem."

Arnaldo Antunes

Toda atividade que o ser humano executa está relacionada com o sistema nervoso e é dependente dele. Sua formação se inicia pelo nascimento das células nervosas, os "neurônios", que, na sequência, formarão um tecido nervoso, um órgão nervoso, para, finalmente, formar o sistema nervoso, dividido em dois: sistema nervoso central (SNC) e sistema nervoso periférico (SNP).

Para entender qual é o momento ideal para ações de incentivo à leitura, optou-se por esclarecer alguns aspectos teóricos sobre o desenvolvimento do sistema nervoso central, como: o desenvolvimento cerebral que inicia na gestação e continua após o nascimento; as experiências às quais os bebês estão expostos a partir do nascimento, que geram atividades neurais capazes de modificar a estrutura e a função do encéfalo; e os períodos mais ou menos suscetíveis às influências ambientais.

O desenvolvimento inicial do sistema nervoso

De acordo com Purves et al. (2005), o encéfalo – centro nervoso do corpo humano que compreende o cérebro (telencéfalo), o diencéfalo, o cerebelo e o tronco cefálico – é resultado de instruções genéticas, de interações celulares e, finalmente, de interações entre a criança em desenvolvimento e o mundo externo.

> "Os neurônios das seis camadas do córtex são gerados de dentro para fora. As principais células que nascem estão, consequentemente, localizadas nas camadas mais profundas, enquanto as gerações posteriores de neurônios migram através de células mais velhas e posicionam-se superficialmente a elas." (Purves et al., 2005, p. 181).

> "Um período crítico é definido como o tempo durante o qual um dado comportamento é especialmente suscetível a – e de fato requer – influências ambientais específicas para se desenvolver normalmente. Uma vez que esse período esteja concluído, o comportamento dificilmente é afetado por experiências subsequentes (ou mesmo pela completa ausência da experiência relevante no caso). Ao contrário, a falha na exposição a estímulos apropriados durante o período crítico é difícil ou impossível de ser remediada posteriormente." (Idem, 2005, p. 521).

> "A atividade neuronal produzida por interações com o mundo externo durante a vida pós-natal fornece, assim, um mecanismo pelo qual o ambiente pode influenciar a estrutura e a função do encéfalo. Essa influência mediada por atividades sobre o encéfalo em desenvolvimento apresenta maiores consequências durante certas janelas temporais denominadas **períodos críticos**." (Idem, p. 519).

Segundo os autores, quando maduro, um encéfalo humano pode conter até cem bilhões de neurônios, que são gerados em poucos meses e com um potencial de conexões entre eles estimado em quinhentos trilhões. A formação desses neurônios atinge o auge durante a gestação – "em humanos, estima-se que cerca de 250 mil novos neurônios são gerados a cada minuto no pico de proliferação celular, durante a gestação" – e, exceto por alguns poucos casos, termina antes do nascimento (Purves et al., 2005, p. 481). Essa **geração de neurônios** no córtex cerebral acontece de dentro para fora.

Cada novo neurônio gerado, portanto, ocupará as camadas externas do córtex, independentemente do motivo pelo qual foi gerado: desenvolvimento ou substituição. Terminado o período de desenvolvimento inicial do encéfalo, resultado de instruções genéticas, acontece a formação das vias axonais responsáveis pelas conexões sinápticas, que acontecem por meio de sinais capazes de atrair ou repelir os axônios em crescimento.

Para Purves et al. (2005, p. 488), "a função neural depende de conexões precisas estabelecidas pelos neurônios e seus destinos. [...] os elementos pré e pós-sinápticos em desenvolvimento devem estar no lugar certo, na hora certa." É nessa segunda etapa do desenvolvimento encefálico, marcada por interações celulares abundantes, que podem acontecer durante semanas, meses e, em alguns casos, ao longo de toda a vida, que qualquer defeito pode causar síndromes neurológicas congênitas ou doenças degenerativas.

A terceira etapa no desenvolvimento do encéfalo são **as experiências** que acontecem a partir do nascimento, as quais podem modificar os circuitos sinápticos no encéfalo em desenvolvimento e são o foco deste estudo investigativo.

As experiências que a criança vivencia são capazes de desencadear atividades neuronais ou de provocar novas conexões e, assim, modificar a fisiologia do encéfalo. O cérebro humano, portanto, modifica-se, e essas alterações podem ser mais significativas se ocorrerem no momento certo.

As experiências da criança em seu meio desenvolvem, mudam e formam capacidades motoras e sensórias, além de comportamentais, desde que aconteçam no momento apropriado. A descoberta dessa incrível plasticidade do cérebro, mostrando que a organização que o tecido cerebral assume no começo da vida não é definitiva, prova que o cérebro é capaz de responder ao mundo externo.

As experiências e os períodos suscetíveis às influências ambientais

O período do desenvolvimento inicial do encéfalo e o seguinte, das construções dos circuitos neurais, criam comportamentos inatos. O sistema nervoso humano, no entanto, adapta-se e é influenciado em consequência das experiências vivenciadas ou observadas no ambiente individual, especialmente em períodos iniciais da vida, denominados "períodos críticos".

A psicologia há muito tempo reconhece que **o início da vida pós-natal** é um período muito sensível às influências do ambiente sobre os comportamentos, e as neurociências comprovam mudanças nos circuitos encefálicos relevantes que formam a base dessas alterações de condutas.

No sistema visual humano, a privação da experiência de visão pela oclusão de um olho no período pós-natal de seis meses altera irreversivelmente conexões entre o olho e o

> É importante entender que as influências do ambiente, que, em alguns casos, aprimoram procedimentos inatos e, em outros, são necessárias para o desenvolvimento normal deles, devem acontecer numa "janela de tempo" bem específica, a qual varia de acordo com os comportamentos em desenvolvimento.

córtex visual, provocando uma cegueira irreversível. Essa constatação permite afirmar que a experiência no período crítico da visão em humanos, que se inicia logo após o nascimento e termina em torno dos seis meses de idade, é fundamental e necessária para o desenvolvimento normal da visão.

A existência de um "período crítico" para o desenvolvimento da visão é comprovada, como são comprovadas também as consequências de intervenções precoces nesse processo. Assim como o desenvolvimento visual, o desenvolvimento da linguagem, cujo período crítico é mais longo, requer prolongada influência pós-natal para que aconteça de forma normal.

Para Purves et al., a percepção e a produção da fala são definidos no início da vida pelas estruturas fonéticas da língua que a criança ouve. Aos 6 meses, os bebês demonstram preferências por fonemas de sua língua nativa; ao final do primeiro ano de vida, eles não respondem a elementos fonéticos de outras línguas não nativas, provando, assim, que a experiência atua seletivamente e conserva circuitos encefálicos que percebem fonemas e distinções fonéticas em uso e que enfraquecem ou atrofiam os que não são utilizados.

O balbuciar dos pais e cuidadores enfatiza distinções fonéticas, reforçando e ampliando tendências inatas através de uma experiência pós-natal adequada. Para reforçar esse conceito, Purves et al (2005, p. 521), afirmam que crianças congenitamente surdas, quando privadas das vocalizações dos pais, apresentaram déficit em suas vocalizações iniciais: "É importante observar que essa experiência linguística, para ser efetiva, deve ocorrer no início da vida. A necessidade de ouvir e praticar, durante um período crítico, é evidente em estudos de aquisição da linguagem em crianças congenitamente surdas."

Em contrapartida, segundo os autores referidos, essas mesmas crianças, se expostas à língua de sinais desde cedo, passam a balbuciar com as mãos, sugerindo que, independentemente da modalidade, são as experiências precoces que constituem o comportamento da linguagem.

Desconsiderar a existência e a importância dos "períodos críticos" quando se quer incentivar ações que levem à formação de comportamentos é fadar essas ações ao fracasso. Ainda, segundo reportagem publicada na revista *Veja*, "como o cérebro processa as emoções, o prazer estético e a linguagem", baseada em pesquisas feitas na área da neurologia, "ouvir Mozart na infância certamente ajuda a ouvir Mozart na idade adulta." (Graieb, 2007, p. 103). Outra pesquisa, realizada com pássaros, mostrou que estes precisam ouvir o canto da mãe logo após o nascimento para que possam cantar. Fato semelhante acontece com a criança, comprovando a importância de a mãe cantar para ela, de fazê-la ouvir músicas diversas e de qualidade com o propósito de sensibilizá-la para a música a partir do nascimento.

Na área da literatura, segundo a mesma reportagem, um programa de computador desenvolvido recentemente pelo pesquisador David Miall, da Universidade de Alberta, no Canadá, capaz de analisar variações métricas e fonéticas em obras literárias e quando comparadas com os padrões de fala de uma mãe com seu bebê, mostrou que "a mãe enternecida repetia, de maneira um tanto exagerada, os mesmos ritmos encontrados nos versos literários. Como a fala da mãe também transmite emoções, circuitos que relacionam a literatura à experiência emocional poderiam começar a se formar aí." (Miall, 2007, p. 105).

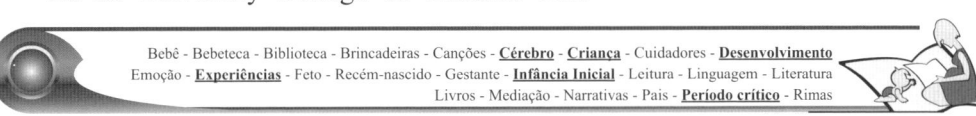

Semir Zeki, que realizou uma experiência na University College de Londres com adultos, cujos cérebros eram monitorados numa máquina de ressonância magnética, comprovou a sensibilidade do cérebro para o belo e o feio. Diversas estruturas cerebrais reagiram durante a experiência: "Agora, as máquinas de neuroimagem nos permitem avaliar estados subjetivos. Melhor, permitem quantificá-los, pois a atividade numa região do cérebro tende a ser proporcional à intensidade declarada da experiência." (Zeki, 2007, p. 101).

A plasticidade do cérebro permite que seja moldado a partir do nascimento através da experiência individual. Essa exposição precoce à literatura, à música e à pintura, que, de alguma forma, modifica o cérebro da criança, fará a grande diferença num aprendizado futuro. A criança sensibilizada para a música, a literatura e demais artes desde a infância, quando exposta a elas futuramente, terá um tipo de aprendizagem diferente daquelas que nunca foram expostas a tais manifestações.

Sabedores de que ações precoces de leitura podem desenvolver comportamentos de leitura que, uma vez consolidados, acompanharão o indivíduo e servirão para sensibilizá-lo para ações subsequentes semelhantes, com as quais terá contato durante toda a sua vida familiar, social, acadêmica e profissional, é necessário que se invistam nessas ações capazes de fazer a diferença na vida de cada um. Comportamentos de leitura formados no período pré-escolar provocarão um encontro diferente entre professor e aluno; as oportunidades de uma boa aprendizagem mediada aumentam e as de uma aprendizagem autônoma nascem. Criar leitores pelo incentivo precoce de comportamentos de leitura é premiar a criança com essas duas formas possíveis de aprendizagem: mediada e autônoma.

A hereditariedade e a maturação, nesse contexto de ideias e de percepções, são responsáveis por criar uma estrutura básica para o desenvolvimento, mas não há dúvidas de que são as experiências, não a hereditariedade, que preenchem com detalhes essa estrutura, tornando-a única e especial em cada pessoa. A função da experiência é criar as maravilhosas diferenças entre os vários filhos de um mesmo casal e, inclusive, entre gêmeos univitelinos, por exemplo, que, sabidamente, apesar de possuírem uma mesma instrução genética, podem apresentar diferentes personalidades, aptidões e comportamentos.

Fica claro, portanto, que é no período do início da vida, rico em "janelas temporais", que muitos comportamentos são mais bem aprendidos. É nesse período que a história individual experimentada de cada criança ajuda a manter e estabelecer circuitos neurais.

A infância inicial é, sem dúvida, o momento ideal porque permite que experiências feitas no momento certo modifiquem de forma permanente a anatomia e a fisiologia do cérebro, determinando, assim, comportamentos futuros. Saber quando fazer é o grande diferencial numa ação de leitura com crianças e funciona com "quem tem grana e quem não tem".

Entretanto, só esse entendimento não basta. Além de saber quando interferir, é necessário que se esclareça aos pais e cuidadores de que modo devem interferir precocemente. A literatura é o signo ideal para essas intervenções; portanto, a disponibilidade diária dos pais para cantar, brincar e contar histórias por alguns minutos para seu bebê durante a infância inicial, enriquecendo as experiências da criança, além de preservar e desenvolver as percepções e os comportamentos iniciais, é capaz de trabalhar os medos e as dúvidas responsáveis pela formação lacônica da criança.

Desenvolvimento cerebral	• Gestação	• Instruções genéticas • Interações celulares	• Comportamentos inatos	
	• Nascimento	• Experiências*	• Estrutura cerebral • Funções cerebrais	• Desenvolvimento de comportamentos
	*Em "períodos críticos".			

Promoção de leitura se faz com literatura

"Saiba: todo mundo teve medo
Mesmo que seja em segredo
Nietzsche e Simone de Beauvoir
Fernandinho Beira-Mar."

Arnaldo Antunes

Ações precoces de incentivo à leitura, envolvendo a leitura e a narração de histórias, as brincadeiras com canções, parlendas e trava-línguas, capazes de estabelecer comportamentos de leitura subsequentes e contribuir para o desenvolvimento da criança, serão eficazes se embasadas num conhecimento teórico sobre os processos que envolvem o ato de ler. A promoção de leitura na infância inicial se faz pela voz e pelas mãos dos pais e cuidadores, uma vez que a literatura não chega à criança sozinha.

Teorizar sobre os tópicos citados pode ajudar a entender que a literatura se transforma, neste estudo investigativo, num recurso cultural que será utilizado, por meio da oralidade, para desenvolver atividades de incentivo à leitura.

A *leitura*

A teoria de Jouve (2002) sobre leitura é focada na criança em idade escolar, o que não é o caso dos sujeitos deste trabalho. Por isso, quando se considera necessário, fazem-se algumas adaptações acrescentando a palavra "ouvir" ao lado da palavra "ler", já que o bebê não está lendo e, sim, ouvindo, o que se entende não significar distorcer as ideias básicas desse teórico.

Para Jouve (2002, p. 17), como "processo neurofisiológico", a leitura pode ser

> Considerada uma atividade complexa, a leitura pode ser vista, segundo Jouve (2002), como um processo de cinco dimensões: neurofisiológica, cognitiva, afetiva, argumentativa e simbólica. Dessas dimensões, quatro serão utilizadas na fundamentação teórica.

observada e é concreta. Durante o ato de ler são utilizados o aparelho visual e diferentes funções do cérebro: "Ler é, anteriormente a qualquer análise do conteúdo, uma operação de percepção, de identificação e de memorização de signos." A primeira operação que envolve a leitura é, portanto, um ato físico ligado e dependente do cérebro e de seu funcionamento; na teoria de Jouve – utilizada para explicar a leitura nas fases de alfabetização e posteriores a essa –, envolve o sistema visual e diferentes funções do cérebro. A criança vê, percebe as palavras, antecipa a sequência e memoriza.

Com bebês são necessárias adaptações. O ato de ler seria, primeiramente, um ato de ouvir, envolvendo o sistema auditivo e, na sequência, os sistemas visual, olfativo e tátil. O processo é o mesmo, mas a diferença está nos sistemas utilizados, que, no caso do bebê, não é um único. Durante o ato de ouvir, ele vê o mediador e, por sua proximidade, sente seu cheiro, toca e é tocado, transformando o ato de audição num processo neurofisiológico que envolve, além do aparelho visual descrito por Jouve, os aparelhos auditivo, olfativo e tátil.

Depois de apreender e decifrar as palavras, o processo seguinte é o do entendimento, denominado pelo autor de "processo cognitivo", que consiste em converter palavras e grupos de palavras em elementos de significação por meio da abstração. A compreensão pode ser mínima e é uma atividade cognitiva que serve para que o leitor-ouvinte possa progredir rapidamente na intriga. Essa progressão pode ser sacrificada em favor da interpretação, quando o texto é mais complexo e a criança, mais madura.

No caso dos bebês, o processo de progressão e compreensão das palavras acontece em leituras mais tardias. As primeiras leituras, feitas a partir do nascimento por pais e cuidadores, destinam-se a oportunizar esse saber mínimo, o desenvolvimento inicial da linguagem, e familiarizar o bebê com a voz, o calor e o cheiro do mediador; mais tarde, podem-se falar em progressão, compreensão e interpretação.

O "processo afetivo" consiste nas emoções que a leitura provoca no leitor: "As emoções estão de fato na base do princípio de identificação, motor essencial da leitura de ficção. É porque elas provocam em nós admiração, piedade, riso ou simpatia que as personagens romanescas despertam o nosso interesse." (Jouve, 2002, p. 19).

Identificar-se com um personagem, querer saber o que lhe acontece pode ser o elemento que, de fato, atrai o leitor-ouvinte para a obra, propiciando-lhe extrair as experiências daquele para si. Nisso consiste a função das emoções no ato de leitura. Identificação e emoção constituem componentes essenciais da leitura e, por isso, devem fundamentar as escolhas das canções que serão utilizadas e das obras que serão lidas para as crianças. É importante que se acostume a criança a falar sobre o que ouviu. Desde que a idade permita, a vocalização sobre o que se lê ou o que ouve é fundamental para que o ato de ler seja uma atividade, de fato, efetiva e transformadora.

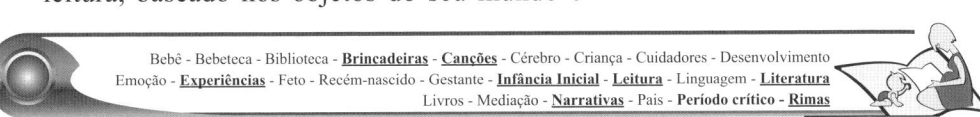

Ao quarto processo Jouve denomina de "processo simbólico", que é a influência que a leitura/audição é capaz de exercer no contexto cultural do leitor, interagindo com a cultura e os projetos priorizados em momentos distintos. A leitura/audição confirma sua dimensão simbólica quando age nos modelos do imaginário coletivo, apesar da aceitação ou não do que foi lido/ouvido. O leitor-ouvinte, valorizando ou não o sentido que retira de cada leitura, baseado nos objetos do seu mundo e com os quais se relaciona, memoriza esse sentido, compartilhando-o, posteriormente, com os membros dos diversos grupos dos quais faz parte. É dessa forma que a leitura "afirma-se como parte interessada de uma cultura." (Jouve, 2002, p. 22).

O sentido que a criança retira do que ouve e vê certamente repassa em sua vivência diária com cuidadores e semelhantes. O ambiente onde vive se transforma num verdadeiro laboratório experimental, de onde retira conhecimentos e para o qual os devolve, influenciando o seu entorno. Como a criança se encontra em desenvolvimento acelerado, sua capacidade de entendimento muda rapidamente, o que permite que uma mesma canção, leitura ou narração de história possa ser repetida várias vezes ao longo da infância. Os diferentes entendimentos que a criança poderá tirar da audição de qualquer uma dessas formas literárias estão sempre de acordo com a sua maturidade, são autorizados pelo próprio texto e devem ser verbalizados pela criança sempre que possível.

Assim, a leitura não pode ser vista apenas como um passatempo nem na infância inicial. Ao ler para o bebê, processos fisiológicos, cognitivos, afetivos e simbólicos já existentes estão sendo estimulados, acarretando importantes modificações nesses campos.

Leitura (dimensões)		
	• **Neurofisiológica** (envolve)	• Audição – Visão – Olfato – Tato
	• **Cognitiva** (pressupõe)	• Conversão de palavras em significado
	• **Afetiva** (provoca)	• Emoções
	• **Simbólica** (influencia)	• Contexto cultural

A literatura

Fala-se, aqui, em formar leitores, e promoção de leitura se faz com literatura. Considerada o primeiro patamar do leitor, a literatura, em seus textos de tradição oral e escrita, reúne inúmeros e diferentes saberes. Usando como instrumento o livro de literatura na narrativa de histórias, pais e cuidadores proporcionam aos bebês uma gama variada de conhecimentos, entre os quais podem ser citados os históricos, geográficos, antropológicos, linguísticos, entre outros, assim como a compreensão das diferentes culturas oriundas de diversos povos e distintos grupos sociais. Esse comportamento de leitura por parte de pais e cuidadores permite que a criança se aposse de seu passado, torne-o presente e ajude-a na resolução de seus problemas atuais.

Formada por vários gêneros, constituídos de distintas espécies literárias, a literatura tem em seus textos de tradição oral os acalantos, as cantigas de roda e os contos populares como os primeiros textos literários com os quais as crianças têm contato, pois fazem parte do folclore e surgiram de um aprendizado informal da vivência em sociedade, que se inicia no nascimento e se estende até a morte representando, segundo Lima (2003), uma "**cultura espontânea**". Repleta de criatividade e imaginação, cuja existência depende de aceitação coletiva, essa cultura espontânea permite o conhecimento das diferentes sociedades, que, por cantarem e narrarem um saber que vem do povo, dele se aproximam com maior facilidade.

> O autor entende que a cultura do indivíduo é o resultado da cultura erudita e da cultura espontânea das quais surgem as culturas comerciais, que, por sua vez, se dividem em popularesca – mais conhecida por popular – e cultura de massas – produzida por grandes grupos empresariais.

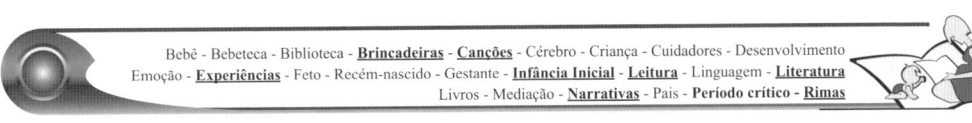

A primeira espécie literária com a qual a criança tem contato, portanto, é a dos acalantos, também chamados cantigas de ninar ou canções de berço, entre outras. São formados por pequenos trechos poéticos que passam de geração em geração pela voz de um cuidador. Embora utilizadas normalmente para estimular o sono e promover o relaxamento do bebê, as funções dessas canções vão muito além disso.

Para Wolffenbüttel (1995), importantes não só no sentido afetivo, na educação musical não formal capaz de despertar o sentido auditivo e rítmico da criança, mas também como educação cultural, os acalantos são os primeiros contatos da criança com as diferenças culturais, antes mesmo de tomar consciência delas.

Compostos de trechos musicais curtos e de letras simples com o objetivo de adormecer o bebê, os acalantos constituem, segundo a autora, "uma das formas mais rudimentares de canto" (Wolffenbüttel, 1995, p. 23), que pode ser encontrada na maioria das sociedades, independentemente de fatores econômicos e culturais. A maior parte dessas canções veio de Portugal, mas com heranças de quase toda a Europa. Embora marcante, a influência da cultura portuguesa nos acalantos brasileiros não foi a única. Africanos e indígenas também contribuíram muito para esse gênero musical e literário. São de contribuição lusitana, por exemplo, os seres mitológicos "Coca", "Cuca", "a Velha do Saco" e o "Bicho-papão"; os personagens religiosos Jesus, Maria e José e os anjos e santos, que fazem parte das canções entoadas no berço.

A autora cita como exemplo de canções com seres mitológicos: ["Vai-te, Coca, vai-te Coca/ Para cima do telhado:/ Deixa dormir o menino/ Um soninho sossegado"], ou ["Dorme, nenê/ Que a Cuca vem pegar./ Papai foi à roça/ E mamãe logo vem."]. Além dessas, são citados "a Velha do Saco" e o "Bicho-papão" como seres assustadores utilizados para lembrar que é hora de dormir. Como exemplo de cânticos com personagens religiosos, anjos e santos, têm-se: ["Embala, José, embala,/ Que a Senhora logo vem:/ foi lavar seu cueirinho/ no riacho de Belém."] (Wolffenbüttel, 1995, p. 23-25). Convém lembrar que existem outras versões para as mesmas canções em diferentes regiões do Brasil.

Já os africanos, que vieram para o Brasil por causa da escravidão, imprimiram muitos componentes culturais no modo de ser e no vocabulário dos brasileiros com os acalantos. A amamentação dos filhos dos senhores pelas escravas foi um meio de transmitir a cultura africana ao povo brasileiro, definida pela autora (idem, p. 27) como "um rico meio de aculturação", que se refletiu também em nosso vocabulário. O modo dengoso de proferir as palavras, o processo de duplicação da sílaba tônica, como na palavra "dodói", por exemplo, as palavras onomatopaicas, os sons monótonos e outras palavras próprias da linguagem africana surgiram com os acalantos. A cantiga "Su, su, sussega", encontrada na Bahia, segundo a pesquisadora, expressa um bom exemplo de acalanto de influência africana: "Su, su, 'sussega'/ vai dormi seu sono/ Qué dinheiro diga/ Qué cume tome." (Wolffenbüttel, 1995, p. 31).

Não menos significativa foi a influência indígena nos acalantos. Apesar do repertório muito pequeno, as marcas deixadas na linguagem e no modo de ser dos brasileiros permanecem até os dias de hoje. "Sapo jururu", de extrema doçura, para Wolffenbüttel (1995, p. 32), é um exemplo de cantiga indígena: "Sapo Jururu/ Na beira do rio,/ Quando o sapo grita, oh! Maninha!/ É porque tem frio./ A mulher do sapo/ Deve estar lá dentro/ Fazendo rendinha, oh! Maninha! Pro seu casamento." Os índios contribuíram muito com componentes afetivos relacionados aos acalantos, como a postura corporal e o modo carinhoso de pegar as crianças e embalá-las no colo.

Foram encontrados e registrados por Wolffenbüttel (1995, p. 48-54), com letra e partitura, vinte e sete cantigas de ninar brasileiras, das quais cinco já foram transcritas como exemplo e mais três também serão para ilustração: ["Boa noite, meu bem/ Dorme um sono tranquilo/ Boa noite, meu amor/ Meu filhinho encantador/ Que uma santa visão/ Venha a mente extasiar/ E uma doce canção/ Venha o sono embalar"]; ["Menino, vá dormir,/ Eu tenho o que fazer,/ Vou lavar, vou engomar,/ Vou sentar para coser."]; ["Dorme, meu filho,/ E voa na nuvem do sonho./ A noite é um ninho de estrelas./ E a vida germina no orvalho./ Dorme, meu menino, dorme./ Que o mundo te espera amanhã./ Acende em teu sono a esperança./ Teu sono é a luz da manhã."]

Os acalantos brasileiros, independentemente da origem, chegaram até a atualidade passando de berço em berço através da oralidade. A contribuição dessas canções como um bom meio de estimular a afetividade, a musicalidade e a aculturação, comprova que para um ato de amor não são necessários grandes sacrifícios. Em substituição aos acalantos, em razão do crescimento da criança, surgiram as canções de roda, que, na opinião de Pimentel e Pimentel (2002), representam uma forma de aprendizagem que inclui a imitação de uma ação. Essa imitação é feita pela encenação de histórias cantadas, representando uma ação dramática por meio de movimentos ritmados.

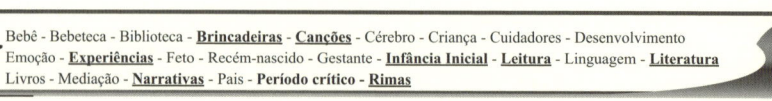

Assim como o conto, essas canções influenciam o desenvolvimento infantil pelo processo de identificação. Mas diferentemente do conto, em que as crianças participam apenas como ouvintes, as cantigas dão oportunidade de elas participarem da narrativa como atores, uma vez que cada canção é acompanhada de uma brincadeira específica. A representação é uma forma de aprendizagem importante para a criança. Tanto meninos como meninas costumam, em suas brincadeiras, reproduzir personagens de filmes, livros, revistas e membros do grupo familiar.

Como ato coletivo, as cantigas de roda exercem uma função de aprendizagem sobre a vida em sociedade e os papéis que a criança poderá representar nela. Classificadas por Pimentel e Pimentel (2002, p. 22) como: "amorosas, religiosas, engraçadas e satíricas, imitativas, históricas, animais e várias", também propiciam a desinibição necessária para o convívio social ao levar a criança a olhar de frente para o companheiro, a se expor no meio da roda e, com isso, ser vista por todos de forma consentida.

As canções classificadas como *amorosas* constituem quase a metade do material recolhido pelos pesquisadores, que subdividem esta categoria em: *requebros*, porque levam a criança a executar movimentos sensuais; *declaração de amor/ namoro/ procura do par/ pedido de casamento,* quando demonstram a preocupação em ficar sozinha; *matrimônio* é a classificação para as canções que falam da importância do casamento; *beleza revelada,* que categoriza aquelas que mostram a beleza da criança que cresce e amadurece; *aparência,* uma categoria de canções que valorizam a beleza física; *planejamento familiar,* classificação escolhida para as cantigas cuja letra conscientiza a criança da importância de planejar sua vida, e a última subdivisão, *amizade*, que reúne canções que expressam esse sentimento.

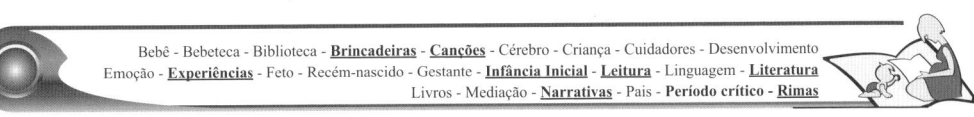

São exemplos de **requebros**: "O pé de chuchu nasceu/ A chuva quebrou o galho/ Rebola, chuchu! Rebola, chuchu!/ Rebola senão eu caio"; **declaração de amor/ namoro/ procura do par**: "Cachorrinho está latindo/ Lá no fundo do quintal./ Cala a boca, cachorrinho!/ Deixa meu benzinho entrar", ou então: "Sozinha eu não fico/ Nem hei de ficar,/ Porque tenho Fulana/ Para ser meu par", ou ainda "Pirulito que bate, bate!/ Pirulito que já bateu!/ Quem gosta de mim é ela,/ Quem gosta dela sou eu"; **pedido de casamento**: "Anda, roda, porque quero./ Porque quero me casar./ Desanda a roda porque quero./ Porque quero me casar./ A moça que estiver na roda./ Escolha o moço que lhe agrada./ Este não me serve,/ Este não me agrada,/ Só a ti, só a ti hei de querer,/ Só a ti hei de querer"; **beleza revelada**: "Apareceu a Margarida!/ Olé, olé, olá!/ Apareceu a Margarida! Olé, seus cavalheiros!"; **aparência**: "Senhora dona Sancha/ Coberta de ouro e prata:/ Descubra o seu rosto,/ Quero ver a sua cara"; **planejamento familiar**: "Sou a viuvinha/ Do Conde Loureiro/ Quero me casar/ Mas não tenho dinheiro"; **amizade**: "É um *a*, é um *b*, é um *c*!/ É um *c*, é um *b*, é um *a*!/ É um *a*, é um *b*, é um *c*!/ Meu palácio é de cristal. – Senhora dona Fulana/ Entra dentro desta roda:/ Diga um verso bem bonito,/ Dê adeus e vá-se embora".

Ainda de acordo com a classificação de Pimentel e Pimentel (2002), são consideradas **religiosas**: "Lá vem vindo um anjo,/ um anjo de lá do céu./ Não é anjo, é uma virgem/ porque traz grinalda e véu"; **engraçadas e satíricas**: "– Mestre Domingues,/ E o senhor, que mais levou?/ Eu levei uma calça velha/ Que minha Sinhá fretou;/ Quando eu cheguei lá no baile/ A calça velha se rasgou"; **imitativas**: "Já viram uma menina/ Fazendo assim?/ Se quisermos imitá-la/ Façamos assim./ Agora, este gesto./ Depois, outro assim./ Com desejo de imitá-la/ Façamos assim"; **históricas**: "Princesa Dona Isabel,/ Mamãe disse que a senhora/ Perdeu o seu lindo trono/ Mas tem um mais lindo agora./ – No céu está este trono/ Que agora a senhora tem/ Além de ser mais bonito/ Ninguém o tira, ninguém./ – E quando lá no céu chegam/ Anjinhos de cantos mil/ Depressa, a senhora acolhe/ Os que chegam do Brasil"; **animais**: "O galo e a galinha/ Foram à festa em Portugal./ O galo foi de calça/ E a galinha de avental./ Era de frente pra frente,/ Era de trás para trás,/ Era de frente pra frente,/ Era de trás para trás"; **várias**: "Encontrei as três/ Abraçadas no fogão:/ Tinha os olhos regalados/ Parecia um ladrão./ Mais que dô: lê, lê,/ Mais que dô: lê, lê, lá, lá,/ Mais que dô: lê, lê,/ Mais que dô: lê, lê, lá, lá".

Consideradas a segunda espécie literária com as quais as crianças têm contato, essas canções têm as mesmas origens e influências dos acalantos e constituem um importante instrumento de recreação, informação e formação da criança. Carregam consigo também uma ou mais funções importantes para desenvolver a afetividade, a motricidade e a socialização na primeira infância. "A dança da carranquinha" ("A dança da carranquinha/ É uma dança deliciosa,/ Que põe o joelho em terra/ E a moça fica formosa./ Olé, olé, alevanta os pés!/ Fulana, sacode a saia!/ Fulana, levanta os braços!/ Fulana, tem dó de mim!/ Fulana, me dá um abraço"...) é uma cantiga de roda que exemplifica essa afirmação. A brincadeira que acompanha a canção – girar de forma coordenada, parar e representar os movimentos de flexionar os joelhos, levantar os pés, sacudir a saia, levantar os braços e dar um abraço – é excelente exercício para a motricidade e a afetividade da criança.

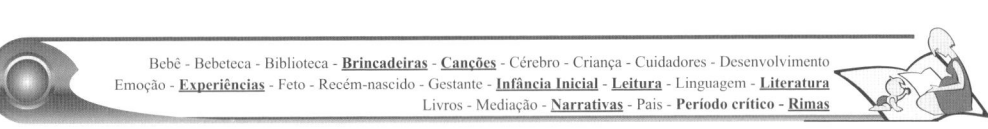

É nessa riqueza que está a funcionalidade, uma das características que determinam se um fato é ou não folclórico. Outro exemplo bem conhecido, cuja função, entre outras, inclui o jogo de palavras e a linguagem corporal é a canção "Chapéu de três pontas", que chegou ao Brasil por intermédio dos portugueses, cuja herança musical deixada aos brasileiros inclui canções de toda a Europa. As crianças cantam na primeira vez toda a canção: "O meu chapéu tem três pontas,/ tem três pontas o meu chapéu./ Se não tivesse três pontas,/ não seria o meu chapéu". Então, escolhe-se uma palavra que será omitida usando-se gestos no lugar dela (apontam para o chapéu, demonstra negação com gestos); a cantiga, então, continua e a cada rodada uma nova palavra é retirada.

Essas canções, geralmente associadas às brincadeiras de roda ou de pular corda, por exemplo, ainda ajudam no desenvolvimento da motricidade, da lateralidade e da organização espacial da criança, assim como na fala e na separação de sílabas – efeito da ação de pular. Sendo ao mesmo tempo lúdicas e pedagógicas, constituem-se numa ferramenta indispensável para a educação informal e formal da criança.

Um estudo sobre as **cantigas de roda** e suas respectivas brincadeiras no Rio Grande do Sul levou Garcia e Marques (1989) a elaborarem uma classificação para essas canções baseada na sua formação e desenvolvimento. No que se refere à formação, podem se constituir em: roda simples, com um ou dois elementos no centro ou fora dela, duas rodas independentes e rodas com o mesmo centro e com uma fila independente ao lado. Quanto ao desenvolvimento da roda, pode se dar aos pulos, com gingas, coreografias, imitações, dramatizações e evoluções.

As pesquisadoras também concluíram que essas canções têm características importantes, relacionadas à escolha da criança para desempenhar o papel principal e à penitência que a brincadeira exige. São estudos que, associados aos demais sobre canções de roda, comprovam a riqueza e o valor das brincadeiras que acompanham as canções. Pela aprendizagem dessas brincadeiras, a criança torna-se mais equipada para viver em sociedade. Entre uma canção e outra, também aparecem os versos, as quadrinhas, os **trava-línguas** e as **parlendas**, que, cantadas ou faladas, estimulam a memorização,

Para aprofundar, ver GARCIA, Rose Marie Reis; MARQUES, Lílian Argentina Braga. *Brincadeiras cantadas*. Porto Alegre: Kuarup, 1989.

O **trava-língua** é um conjunto de frases com sentido lógico, mas estruturado de um modo que torna difícil a pronúncia das palavras. Em prosa ou em verso, os sons que se repetem e se parecem são pronunciados de forma rápida. A brincadeira consiste em pronunciá-lo cada vez mais rápido e com menos erros. Isso dificulta e ao mesmo tempo estimula o desafio, que diverte e desenvolve habilidades vocais na criança. O exemplo mais conhecido é: "o rato roeu a roupa do rei de Roma...". Para Pellegrini Filho (2000, p. 38), "pelo trava-língua, o povo explora vícios ou problemas de pronúncia próprios de sua língua, também força a memorização, põe em destaque essa ou aquela forma culta – cumprindo portanto, igualmente, uma função de aprendizagem e de controle de dicção."

A **parlenda** é uma forma lúdica, que possui ritmo e não música, de desenvolver a memória e exercitar a boa pronúncia. Segundo Araújo (1973, p. 167), consiste "numa arrumação de palavras sem acompanhamento de melodia, mas às vezes é rimada e nesse caso a emissão da voz obedece a um ritmo que a própria metrificação das sílabas lhe empresta". Um exemplo clássico de parlenda é a brincadeira em que um adulto vai tocando os dedos da mão da criança e pronunciando: "minguinho, seu vizinho, pai de todos, fura-bolo, mata-piolho".

servem como instrumentos para a correção da linguagem e são bons exercícios para a pronúncia correta das palavras difíceis.

A literatura infantil, que se inicia com os acalantos e as cantigas de roda ou de brincadeiras, tem os contos populares – também chamados de tradicionais, de fadas, maravilhosos –, cujas histórias e personagens encantam e educam o leitor infantil. Esses contos são histórias transmitidas oralmente sobre os mais diferentes motivos ou **temas**. São esses temas que permitem as diferentes **classificações** elaboradas por estudiosos, como Cascudo e Thompson. O primeiro agrupou os contos tradicionais em 12 itens diferentes, ao passo que o segundo precisou de seis volumes para a classificação que elaborou.

"Os temas dos contos populares são transmitidos de uma pessoa para outra, em contatos interpessoais, e viajam daqui para ali, de uma região para outra, de um continente para outro, atravessando os séculos, ao mesmo tempo em que vão passando por naturais modificações e adaptações". (Pellegrini Filho, 2000. p. 29).

Para aprofundar o conhecimento sobre literatura oral ou folclórica, ver PELLEGRINI FILHO, Américo. *Literatura folclórica*. São Paulo: Manole, 2000.

Cada mãe, pai ou cuidador, independentemente do local onde mora, da classe social ou da escolaridade, deve conhecer, pelo menos, uma história tradicional, como "Chapeuzinho vermelho", "Os três porquinhos", "João e Maria" etc. Lembrar que ouviram quando criança, pela voz da mãe ou do pai, os quais, também ouviram de seus pais, formando uma linha de continuidade que permite pequenas modificações sem alterar o tema. Cada novo contador acrescenta ou retira pequenos trechos da história sem que esta perca o seu valor. Valor existente nos contos tradicionais e que talvez seja desconhecido por muitos pais, devendo ser enfatizado nesse estudo.

Para Bettelheim (1980, p. 11), "a tarefa mais importante e também mais difícil na criação de uma criança é ajudá-la a encontrar significado na vida". A criança deve aprender a se entender para, então, entender os outros e estabelecer relações satisfatórias e significativas. Sendo criada desse modo, não necessitará de ajuda especializada. Para isso, é importante que se dê uma especial atenção às experiências com pais e cuidadores e com a transmissão correta de uma herança cultural.

A criança, na infância inicial, se apropria melhor das informações culturais se essas lhe forem repassadas por meio da literatura. Uma história que desperte sua curiosidade e a distraia realmente prende sua atenção, mas isso não é tudo; o que se espera de uma história é um **enriquecimento pessoal**.

Tendo em vista esses aspectos, a sugestão do autor é de que na literatura infantil se dê prioridade para os contos, de fadas folclóricos. Por meio desses contos, pode-se aprender sobre os problemas dos seres humanos e as soluções corretas possíveis para enfrentá-los. O enfrentamento dos problemas, segundo Bettelheim, é necessário para o desenvolvimento da criança, e o conto de fadas mostra os **problemas de forma honesta**.

Segundo Bettelheim (1980, p. 16), para entender e poder controlar os problemas psicológicos comuns ao crescimento – ciúmes, rivalidade fraterna e dilemas edípicos, entre outros – a criança precisa compreender o que está se passando dentro dela. "O valor dos contos de fadas está em oferecer novas dimensões à imaginação da criança que ela não poderia descobrir verdadeiramente por si.". Os contos de fadas, na sua forma e estrutura, oferecem à criança imagens que ela usará para estruturar seus devaneios e, assim, direcionar melhor sua vida.

Levar uma criança a acreditar que a vida só tem momentos bons e que todos os seres humanos são bons é **enganá-la cruelmente**, é negar-lhe o direito de aprender comportamentos necessários para viver em sociedade.

"Para [uma história] enriquecer sua vida, deve estimular-lhe a imaginação: ajudá-la a desenvolver seu intelecto e tornar claras suas emoções; estar harmonizada com suas ansiedades e aspirações; reconhecer plenamente suas dificuldades e, ao mesmo tempo, sugerir soluções para os problemas que a perturbam." (Bettelheim, 1980, p. 13).

"[...] Muitas estórias de fadas começam com a morte da mãe ou do pai; nestes contos a morte do progenitor cria os problemas mais angustiantes, como isto (ou o medo disto) ocorre na vida real. Outras estórias falam sobre um progenitor idoso que decide que é tempo de a nova geração assumir, mas antes que isso possa ocorrer o sucessor tem que provar-se capaz e valoroso." (Idem, 1980, p. 15).

"[...] Muitos pais acreditam que só a realidade consciente ou imagens agradáveis e otimistas deveriam ser apresentadas à criança – que ela só deveria se expor ao lado agradável das coisas. Mas esta visão unilateral nutre a mente apenas de modo unilateral, e a vida real não é só agradável." (Idem, 1980, p. 16).

Bebê - Bebeteca - Biblioteca - **Brincadeiras** - **Canções** - Cérebro - Criança - Cuidadores - Desenvolvimento Emoção - **Experiências** - Feto - Recém-nascido - Gestante - **Infância Inicial** - Leitura - Linguagem - **Literatura** Livros - Mediação - **Narrativas** - Pais - **Período crítico** - Rimas

A criança não baseia suas escolhas no certo ou errado, mas em quem desperta sua simpatia. Segundo o autor, ela não se questiona se quer ser boa ou má, mas com quem quer se parecer. Além dessas qualidades, o conto de fadas é rico em magia, a qual se faz necessária na infância porque ajuda a criança a enfrentar a rigidez da vida adulta. A figura repulsiva do início do conto, por exemplo, pode, de forma mágica, transformar-se num amigo ou num marido, e a criança acredita nessa verdade. É essa crença que a leva a decidir não fugir de pessoas diferentes. Ela acredita que pode efetuar a mesma mágica na vida real. A privação prematura dessa mágica pode gerar problemas futuros. Bettelheim justifica a **necessidade da mágica** nesse período da vida da seguinte maneira:

"Muitos jovens que hoje em dia subitamente buscam fuga em sonhos induzidos por drogas, ou aderindo a algum guru, acreditando em astrologia, engajando-se na prática da 'magia negra', ou que de alguma outra maneira buscam escapar da realidade em devaneios sobre experiências mágicas que deverão mudar suas vidas para melhor, foram prematuramente pressionados a encarar a realidade de uma forma adulta." (Bettelheim, 1980, p. 65).

Orientado para o futuro, o conto de fadas transmite uma herança cultural correta, ajuda a criança a resolver dilemas existenciais e problemas psicológicos, promove a moralidade e leva a criança a deixar de lado suas dependências infantis e buscar uma vida mais satisfatória e independente. Seu significado será diferente para cada pessoa e mudará para esta pessoa nos diferentes momentos de sua vida, independentemente de sexo e de idade. Considerado por Bettelheim como uma obra de arte, o conto de fadas é capaz de divertir, esclarecer, ajudar positivamente no desenvolvimento da personalidade, oferecer muitos significados em diferentes níveis e enriquecer a existência de uma criança, de modo que se constitui numa diversidade de contribuições única na infância inicial.

Entretanto, faz-se necessário que se mostre que, além desse vasto material folclórico, existe outro, contemporâneo, mas nem por isso menos importante. Bettelheim fez uma análise dos contos de fadas, mas isso não significa que se devam usar apenas estes com as crianças; ao contrário, o mercado editorial possui excelentes livros de contos contemporâneos. Histórias que enriqueçam a vida da criança são bem-vindas independentemente do período em que foram escritas. Há um mercado editorial rico em produções e publicações de qualidade no que se refere ao material e ao conteúdo. Facilmente encontradas em *sites* da internet e em catálogos de editoras. Essas produções já vêm com indicação de faixa etária e acompanhadas de pequenas resenhas, que auxiliam pais e cuidadores (embora possam diminuir o potencial dessas pessoas) na seleção do material a ser utilizado com seus bebês. A revista *Nova Escola* de jan./fev. de 2008 sugere, em seu complemento *on-line*: www.novaescola.org.br, uma lista de 32 títulos para auxiliar pais e educadores na formação de uma "bebeteca". A proposta é pertinente uma vez que considera a relação escassa da maioria da população com materiais de qualidade.

Livros de plástico, para serem manuseados durante o banho; de tecido, para estimulação tátil, visual e olfativa; de folhas cartonadas com recortes, que proporcionam movimentos da ilustração quando manuseados, enfim, livros-brinquedos, livros para serem lidos para o bebê ou com o bebê estão à disposição e facilitam os primeiros contatos da criança com o livro de forma espontânea, lúdica e carinhosa.

O mesmo acontece com acalantos e canções. Produções atuais para criança, envolvendo gêneros diversos, como samba, forró, música popular e clássica, estão no mercado e não devem ser desprezadas. Uma vez que sejam culturalmente adequadas e que em suas letras e melodias se perceba uma finalidade educativa, devem ser apresentadas às crianças para a ampliação de seus horizontes. Lembra-se sempre de que o uso de CDs e DVDs em substituição às interações sociais nessas atividades de leitura não supre a presença e o carinho dos pais e cuidadores, figuras indispensáveis em qualquer programa que se inicie no berço.

A literatura, nessa etapa da vida, consiste numa oralidade acompanhada de brincadeira, que ajuda a criança a compreender o mundo. Quando ela se senta dentro de uma caixa de papelão, por exemplo, e age como se estivesse em um automóvel, é a imaginação que permite que experimente a ação de dirigir. Isso também acontece quando se deixa cair ao final da canção "Roda cutia", em que experimenta uma queda. Em atividades lúdicas precoces a criança descobre o mundo, as relações com os objetos e com as pessoas.

A ação reproduzida pela criança é o papel lúdico da brincadeira. Há nessas brincadeiras, segundo Vygotsky, Leont'ev e Luria, (2001, p. 127), "uma ação real, uma operação real e imagens reais de objetos reais", mas a criança age, apesar de tudo, como se a caixa fosse um automóvel e a queda fosse da casa. Isso indica a existência do imaginário no jogo.

A leitura envolvendo a literatura oral, com seus acalantos, canções de roda, parlendas, trava-línguas, adivinhas e contos – acompanhados de suas respectivas brincadeiras –, proporciona à criança o contato precoce com esse jogo lúdico. A escolha desse material folclórico para dar início às atividades de incentivo à leitura com pais e cuidadores foi baseada não só em sua riqueza e funcionalidade, mas também, como fazem parte de uma cultura espontânea que passa de geração para geração, porque fazem parte da bagagem cultural desses pais.

Afetivamente, o benefício desencadeado por práticas de leitura na família, envolvendo pais e cuidadores, é imensurável. A estimulação do bebê nos primeiros anos de vida por meio da literatura oral é uma intervenção precoce capaz de reforçar vínculos afetivos, de ajudar a criança no entendimento e elaboração dos sentimentos e dos medos que toda criança tem "mesmo que seja em segredo".

Literatura	Textos da tradição oral	• Acalantos	• Valor	• Afetivo, musical, cultural
		• Cantigas de roda/brincadeiras		• Educativo (imitação de uma ação)
		• Parlendas		• Cognitivo
		• Trava-línguas		• Aprimoramento (linguagem)
		• Contos de fadas		• Cultural, cognitivo, afetivo e identificativo
	Textos contemporâneos	• Poesia • Sem legendas • Narrativas • Brincadeiras • Interativos	• Estímulo	• Imaginação • Cognição • Ritmo • Afetividade
	Música	• Gêneros e ritmos diversos	• Desenvolvimento	• Linguagem • Musicalidade • Sensibilidade

Bebê - Bebeteca - Biblioteca - **Brincadeiras** - **Canções** - Cérebro - Criança - Cuidadores - Desenvolvimento - Emoção - **Experiências** - Feto - Recém-nascido - Gestante - **Infância Inicial** - **Leitura** - Linguagem - **Literatura** - Livros - Mediação - **Narrativas** - Pais - **Período crítico** - **Rimas**

Pais e cuidadores: perfeitos mediadores

"Saiba: todo mundo teve pai
Quem já foi e quem ainda vai
Lao Tsé, Moisés, Ramsés, Pelé
Gandhi, Mike Tyson, Salomé

Saiba: todo mundo teve mãe
Índios, africanos e alemães
Nero, Che Guevara, Pinochet
E também eu e você."

Arnaldo Antunes

A promoção de leitura na infância inicial se faz com um mediador, visto que não existe promoção de leitura nesse período sem mediação. Conscientizar os pais de que eles são os primeiros mediadores nessa tarefa importante para o desenvolvimento do bebê; de que outros membros da família, cuidadores domésticos ou de instituições podem e devem se agregar a essa tarefa; de que é preciso um mínimo de conhecimento teórico sobre o papel do mediador e de que é o afeto que leva a uma ação eficaz são os objetivos deste estudo.

Num programa de incentivo à leitura que procura envolver leitores comuns e superficiais como mediadores de atividades capazes de sensibilizar a criança, transformando-a num leitor precoce, é preciso – e ao entendimento de que o conceito de "zona proximal" desenvolvido por Vygotsky pode ser aplicado a esses pais – iniciar com um conhecimento que os mediadores já possuam. Com seus filhos, por meio de atividades mediadas por um adulto mais experiente, esse conhecimento evolui atingindo um nível de conhecimento superior: são pais e bebês, juntos, transformando-se em leitores pela interação recíproca.

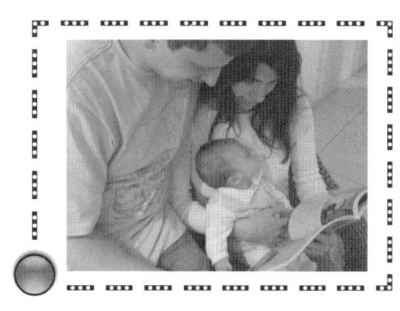

Bebê - Bebeteca - Biblioteca - Brincadeiras - Canções - Cérebro - Criança - **Cuidadores** - Desenvolvimento - Emoção - Experiências - **Feto** - **Recém-nascido** - **Gestante** - Infância Inicial - Leitura - **Linguagem** - Literatura - Livros - **Mediação** - Narrativas - **Pais** - Período crítico - Rimas

Os primeiros mediadores

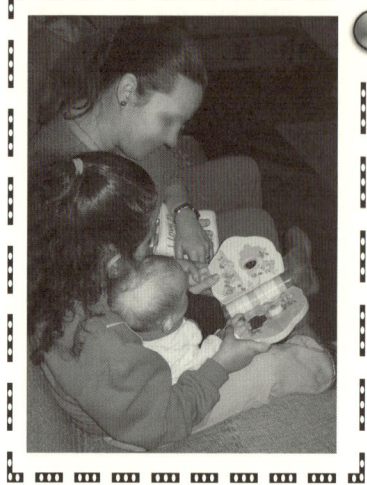

Desde o surgimento da educação formal, a formação de leitores é uma meta desafiadora e, na maioria das vezes, frustrante para aqueles que a perseguem. Frases do tipo: "é na escola que se formam crianças leitoras", ou "cabe à escola e aos professores a tarefa de formar leitores, criar o gosto e fomentar a aquisição do hábito da leitura", vêm sendo proferidas pelos mais diferentes grupos da sociedade quando o assunto é leitura, sugerindo que é a escola tão somente a responsável por essa tarefa. Contudo, em situação ideal, a criança se faz leitora pela mediação da família a partir da concepção, o que pressupõe a preparação dos pais para desempenhar essa tarefa e, no caso brasileiro, que essa meta seja alcançada não por ações paternalistas, mas pela criação de uma política pública de leitura, ligada a programas de prevenção à saúde.

Educação e saúde devem caminhar juntas na infância inicial. Os governos estadual e federal possuem bons programas voltados à saúde da gestante, do recém-nascido e da criança. Entretanto, são programas que abrangem única e exclusivamente o aspecto físico da criança, e sua saúde não pode ser pensada apenas sob esse aspecto. Tão importante quanto a saúde física, o desenvolvimento adequado da criança envolve também a saúde mental e emocional. Portanto, acrescentar aos programas existentes um programa educacional de incentivo à leitura com o objetivo de sensibilizar e formar comportamentos de leitor na criança, por meio da conscientização da mãe, do pai e do cuidador – que são os primeiros mediadores – e de atividades modeladoras com reforços parciais e contínuos como suporte, é uma necessidade do povo e um compromisso assumido pelo governo brasileiro.

Bebê - Bebeteca - Biblioteca - Brincadeiras - Canções - Cérebro - Criança - **Cuidadores** - Desenvolvimento
Emoção - Experiências - **Feto** - **Recém-nascido** - **Gestante** - Infância Inicial - Leitura - **Linguagem** - Literatura
Livros - **Mediação** - Narrativas - **Pais** - Período crítico - Rimas

A relação mãe-bebê

A mãe, primeira mediadora natural para todas as necessidades do bebê, é também a mediadora ideal para promover a leitura de seu filho; independentemente do perfil cultural e social, ela é capaz de estabelecer vínculos significativos com o bebê e, em consequência desses, mudar seu comportamento. Essa mudança precisa ser orientada e incentivada durante a gravidez, momento em que a mãe se encontra gestando uma nova vida, está mais reflexiva e, acredita-se, mais receptiva para gerar novas ideias.

É sabido que, do ponto de vista emocional, a mãe é capaz de influenciar o bebê antes do nascimento, ainda quando feto. Um número significativo de substâncias passam da mãe para o feto através da placenta, assim como alterações fisiológicas na mãe podem produzir mudanças no bebê. O folclore encarregou-se de perpetuar essas influências ao longo da história, como em situações nas quais um adulto mais experiente orientava a gestante a comer "por dois" ou a comer tudo o que desejasse para que o bebê não nascesse com qualquer tipo de deformação física. Crenças populares foram confirmadas e explicadas pela ciência.

Dependente do organismo da mãe para se desenvolver, o feto é por ela influenciado fisicamente de forma irreversível. Políticas governamentais na área da saúde estão sempre voltadas para o acompanhamento da gestante com o objetivo de prevenir sequelas no recém-nascido. Além dos fatores citados, outros ligados à fisiologia da mãe, como a idade da gestante, o fator RH e a alimentação, podem influenciar na formação do feto.

O estado emocional da mãe durante a gestação também exerce influências significativas sobre o feto. Substâncias químicas que aparecem no sangue materno em situação de estresse, por exemplo, são transmitidas ao nascimento e resultam em efeitos adversos nele, aumentando os movimentos fetais por várias horas. Em consequência, filhos de mães que apresentam períodos prolongados de estresse emocional podem ter seu nível de atividade aumentado após o nascimento. O vínculo que existe entre mãe e filho é muito forte, e o período de gestação não só dá à mãe a exclusividade sobre a posse do bebê, como também a torna mediadora em tempo integral do desenvolvimento físico e emocional dele.

Sabe-se também que, do ponto de vista biológico, uma gravidez começa na concepção; do ponto de vista psicológico, no entanto, já existe uma história para esse bebê que se inicia bem antes desse momento. Toda menina que sonha em ser mãe escolhe o nome de seu bebê, imagina o sexo, a aparência física, enfim, idealiza o filho que terá décadas depois. Por isso, a história dessa criança já começou, e a mãe é a primeira responsável por essa história, cujo elenco, espaço e fatos são cuidadosamente pensados até que se concretizem. Portanto, a vida psíquica de uma criança não parte do zero no nascimento e a ligação afetiva sadia entre a mãe e o filho estabelece-se nos primeiros dias e semanas que se seguem ao nascimento; é um período de reconhecimento, quando mãe e filho se exploram um ao outro e se conhecem.

A amamentação, que se inicia a partir do nascimento, é responsável por organizar a evolução afetiva normal. Considerada um elemento central no processo que envolve a maternidade, suas distorções são sintomas de problemas emocionais da criança ou da mãe, podendo causar perturbações para toda a vida do bebê.

O vínculo do prazer, lastro para o desenvolvimento da afetividade, de início é oral e tem relação com a amamentação. Mamar é sentir prazer, o qual não está ligado somente ao alimento, pois a voz, as carícias e o embalo fazem parte da amamentação e constituem-se em elementos de prazer. O seio real não é indispensável, visto que a criança pode ter um desenvolvimento psicológico sadio sem ele. Basta que a mãe execute todo o ritual envolvido na amamentação com o seio, pois o que importa é relacionamento amoroso e qualitativo da mãe com o bebê.

É necessário ressaltar, neste estudo, que a palavra "mãe" se refere, também, à *figura materna*, uma vez que faz-se necessária, fundamentalmente, a presença de um adulto que seja estável, capaz de dar amor, de atender às necessidades da criança e compreendê-las. É indiferente se é a mãe biológica ou não, se é o adulto responsável pela criança no lar ou na instituição em que é criada; é imprescindível, sim, que seja capaz de estabelecer uma relação de amor com o(a) filho(a).

A relação entre mãe e filho deve ser vista como um processo de interação de estímulos bilaterais. Essa interação, nos primeiros anos de vida, é vista como um determinante fundamental de certas características de personalidade, permanentes ou não, que vão se manifestar ao longo do desenvolvimento da criança. Essas primeiras experiências influenciam de tal modo que a ausência da mãe pode levar a distúrbios graves em aspectos da vida da criança em que o componente afetivo é essencial para o desenvolvimento.

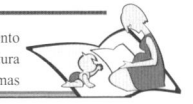

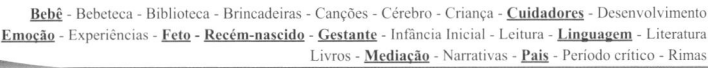

Do ponto de vista emocional, portanto, a mãe influencia o filho desde a concepção, e os primeiros dias de vida são importantíssimos para o estabelecimento de uma boa ligação afetiva entre o bebê e sua mãe. Considerada a figura central do desenvolvimento psicológico infantil, inicialmente a mãe é modelada pela criança, que, portanto, contribui na determinação do padrão de interação que irá se estabelecer, o que mais tarde facilitará a modelagem da criança pela mãe.

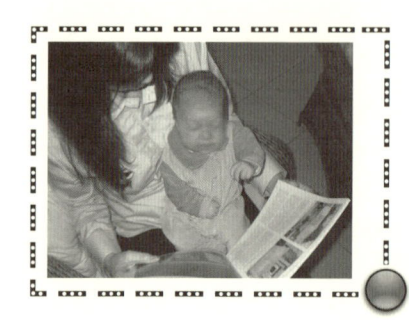

Além da mãe, o pai e alguns cuidadores podem estabelecer ligações afetivas com a criança e, para Bruner e Linaza (1983, p. 27), "la principal 'herramienta' que tiene el bebé para lograr sus fines es otro ser humano familiar." Constata-se, portanto, que essa relação implica alteridade.

A figura paterna

A partir do nascimento e nos períodos seguintes, figura paterna começa a ser mais presente na vida do bebê. Com o início do desmame, com a introdução de sucos e papinhas, essa figura passa a ser percebida e dar prazer ao bebê, assim como os alimentos e os brinquedos, servindo de suporte para uma interrupção correta da amamentação.

Essa perspectiva em relação à figura paterna por parte da sociedade vem se modificando nos últimos anos. No momento que mãe e pai começaram a partilhar papéis e tarefas domésticas e sociais, os bebês também passaram a formar ligações afetivas mais intensas, semelhantes às estabelecidas com a mãe, com a figura paterna. Por isso, pesquisas começaram a ser feitas sobre o tema, que até então era pouco estudado.

Para Bee e Mitchell, embora não sejam muitas as pesquisas envolvendo a relação pai-bebê, as existentes comprovam a **ligação** entre eles.

Os papéis exercidos pelas figuras materna e paterna, de modo geral, ainda são diferentes: os pais brincam mais com o bebê, ao passo

"Os bebês realmente se ligam ao pai. Eles mostram angústias se são deixados por ele e podem ser confortados por ele; eles o usam como uma "base de segurança" para fazer explorações e sorriem para ele mais do que para estranhos. Tudo isso são sinais de ligação afetiva." (1986, p. 405).

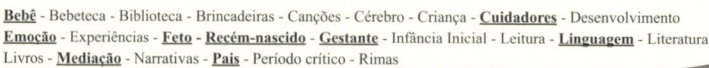

que as mães são responsáveis pelos cuidados. Estas, quando brincam, tendem a escolher brincadeiras mais voltadas para o desenvolvimento intelectual que físico.

Embora as ligações com a figura paterna, até há pouco tempo, não parecessem ser tão fortes quanto as ligações com a figura materna, elas sempre existiram e serviram de suporte para o bebê. Isso interessa a este estudo e já é suficiente, embora se saiba que tais comportamentos estão sendo alterados. A figura paterna, hoje, encontra-se num estado de transição, visto que em algumas famílias exercem um papel mais conservador e cujas ligações não passam das citadas anteriormente, ao passo que em outras tem papéis idênticos ao da figura materna, estabelecendo, portanto, ligações afetivas com o bebê iguais às da mãe.

Assim, um pai que mantém comportamentos tradicionais em relação a seu bebê é importante pelo tipo de brincadeira que faz com ele e para que se sinta seguro e possa explorar mais, bem como alguém mais atuante, cujo comportamento pouco difere do materno. Ambos são importantes, assim como o são aquelas figuras masculinas que, não sendo os pais biológicos ou adotivos, representam a figura paterna em sua ausência.

Ariel Kalil, professora assistente de políticas públicas da Universidade de Chicago (Illinois), e Rukmalie Jayakody, professor associado de desenvolvimento humano da Universidade Estadual da Pensilvânia, de acordo com publicação no *site* **www.terra.com.br**, procuram avaliar a existência de um vínculo entre a figura paterna masculina e a qualidade do desenvolvimento emocional e cognitivo da criança.

Os sujeitos envolvidos na pesquisa foram 749 mães solteiras negras que tinham crianças

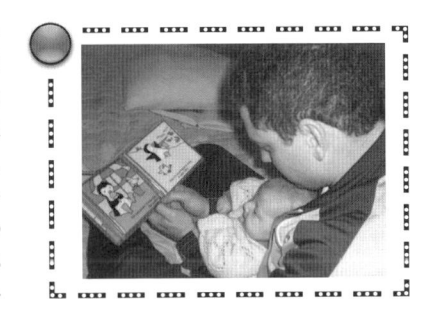

Para ler reportagem completa, acessar:
http://www.terra.com.br/mulher/gravidez/2002/05/06/000.htm

em idade pré-escolar e que viviam na região de Atlanta. Os resultados publicados mostraram que metade das crianças tinha uma figura paterna representada por um parente próximo ou pelo namorado da mãe. As crianças que tinham a figura paterna desempenhada por um parente homem, apresentaram nível de desempenho escolar e de maturidade mais elevado se comparadas com aquelas que não tinham ninguém representando a figura paterna. No entanto, as crianças cuja figura paterna era o namorado da mãe apresentaram melhor desempenho escolar e de maturidade em relação àquelas que não tinham ninguém representando a figura paterna, porém menor maturidade emocional se comparadas àquelas que tinham um parente próximo representando essa figura. Para os pesquisadores, portanto, essa função exercida por um parente ajuda no desenvolvimento da criança.

As ligações afetivas, que passam por várias fases, tornam-se mais específicas em torno do sexto mês de vida do bebê, não se restringindo apenas às figuras da mãe e do pai. Outros membros da família responsáveis pelos cuidados do bebê também passam a ter ligação afetiva com ele, o que em muito se assemelha à ligação que ele mantém com a figura materna ou paterna.

A figura do cuidador

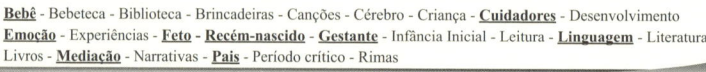

A ligação de uma criança com um cuidador – avó, avô, babá ou qualquer outro adulto responsável por seu bem-estar físico e emocional no ambiente doméstico ou institucional – passa por quatro fases, que incluem um período inicial de pré-ligação, um período de ligação em desenvolvimento, de ligação específica, até chegar a um período de ligações múltiplas. Todas essas fases apresentam comportamentos de ligação, que incluem sorrisos, olhares e demonstrações de aconchego por parte do bebê. Esses comportamentos conquistam a atenção e os cuidados do adulto, que, por sua vez, retribui com expressões faciais brincalhonas, sorrisos, uma fala com variações tonais exageradas e até pausas para permitir a resposta do bebê e a consequente interação tão desejada.

Na primeira fase os comportamentos de proximidade são dirigidos indiscriminadamente a qualquer adulto; na segunda, somente aos adultos que dele cuidam regularmente; na terceira, escolhe uma pessoa mais específica para se ligar afetivamente, e na quarta, que acontece em torno dos dois anos de idade, o bebê tem a capacidade de ampliar suas ligações afetivas. Ele pode, segundo Bee e Mitchell, ter **múltiplas ligações afetivas**.

A ligação afetiva com um cuidador necessita de comportamentos regulares de ligação semelhantes aos comportamentos maternos e paternos, ou seja, um atendimento de qualidade, que atenda às necessidades do bebê e que envolva amor. Desse modo, ter uma babá durante o período de trabalho dos pais não causa problemas para o bebê, desde que uma ligação afetiva tenha se estabelecido entre eles, assim como colocá-lo numa instituição durante o período diurno, segundo as autoras, "não parece perturbar a ligação da criança aos pais; em vez disso, ela forma ligações adicionais às outras pessoas que também a cuidam." (Bee; Mitchell, 1986, p. 409)

"Durante o segundo ano, a maioria dos bebês mostra uma ampliação de suas ligações afetivas. O bebê pode se ligar aos irmãos mais velhos, a babás regulares, aos avós ou ao pai. [...] a criança usa todos os seus adultos prediletos como base de segurança para fazer explorações e se volta para qualquer um deles em busca de conforto nas ocasiões de angústia." (Bee e Michel,1986, p. 384).

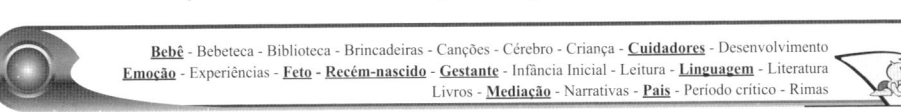

Falou-se até agora das ligações afetivas importantes que se estabelecem na vida de uma criança a partir do nascimento com alguns adultos: mãe, pai e cuidador. Esses adultos são os primeiros mediadores nas interações da criança com o meio. O bebê nasce, pois, com um conjunto de habilidades prontas para o estabelecimento de vínculos e interações. Se um recém-nascido traz consigo habilidades que permitem sua interação imediata com o ambiente e com seus pais e cuidadores, os adultos responsáveis pelos primeiros cuidados do bebê têm que estar prontos para estabelecer essa interação e não deixar passar um período que pode ser crítico para um desenvolvimento adequado e uma adaptação total ao mundo exterior.

A realidade que se apresenta é, de um lado, o recém-nascido preparado para o desenvolvimento pleno e, de outro, os pais e cuidadores despreparados para oportunizar esse desenvolvimento. A maioria das famílias e instituições, por desconhecimento do potencial do bebê nas primeiras horas, dias e meses e da importância das primeiras interações com os adultos que o recebem, nega a esse novo ser o direito a um bom início de vida.

Primeiros mediadores		estabelece(m)	
	• Mãe		• Vínculos significativos ↓ Mudam o comportamento
	• Pai		• Base de segurança (tradicional) • Ligação afetiva (moderno)
	• Cuidador		• Ligação afetiva

O feto e o recém-nascido

As recentes tecnologias desenvolvidas nas últimas décadas – imagens por ultrassom, por ressonância magnética e por fibra óptica –, associadas a uma cuidadosa observação de bebês nascidos prematuramente e a termo, possibilitaram aos pesquisadores Klaus e Klaus (2001) um claro entendimento sobre o desenvolvimento do feto e do recém-nascido. É esse um desenvolvimento talvez nunca imaginado pelos teóricos do desenvolvimento humano que os precederam. O livro *Seu surpreendente recém-nascido* é resultado de décadas de pesquisas baseadas em observações de fetos e recém-nascidos, apresentando mais de 120 fotografias de bebês com menos de duas semanas de vida. É um livro que mostra as atividades intrauterinas do feto; celebra as extraordinárias capacidades do bebê nas primeiras horas e dias de vida; ajuda os pais a descobrirem as preferências e o ritmo de seu bebê; enfatiza que esses primeiros sinais de reconhecimento dão início a um vínculo que terá duração por toda a vida e revela os variados estados de consciência do recém-nascido.

Convictos de que o feto é capaz de reagir à luz e ao som, de registrar sensações ou mensagens sensoriais e da existência de **experiências e atividades intrauterinas** importantes para uma vida fora do útero, os pesquisadores têm produzido uma vasta bibliografia sobre recém-nascidos, a formação do vínculo e do apego entre pais-bebê.

A comprovação desse mundo intrauterino repleto de atividades não pode ser ignorada pelos pais. Saber que o bebê ouve, sente e faz experiências durante a vida intrauterina e que isso se constitui numa preparação para enfrentar o mundo exterior e interagir com os pais deixa claro que os cuidados com a gestante devem

> "O mundo do feto humano está cheio de atividade, de ritmos especiais, de movimentos intencionais, de sentidos que estão começando a funcionar – visão, audição, paladar e sensação tátil – e de complexas respostas às emoções e ações da mãe. Toda essa atividade prepara o bebê não só para as imensas mudanças que estão por vir, mas também para interagir com os pais nos primeiros minutos após o nascimento."
> (Klaus; Klaus, 2001, p. 13).

ser redobrado, assim como as orientações a ela repassadas no período da gravidez.

Há um zunido do sangue correndo nos vasos sanguíneos, dos batimentos cardíacos, dos ruídos intestinais da mãe e de sons externos, formando um conjunto sonoro um pouco mais baixo que o de uma rua movimentada. **O feto é, portanto, sensível aos ruídos externos**, assim como aos movimentos e sentimentos da mãe.

> "Uma memória das vozes da mãe e do pai cria ciclos distintos de sono e vigília." (Klaus; Klaus, 2001, p. 17).

Além disso, movimentos como bocejar, respirar, engolir, virar a cabeça, fazer caretas, sorrir, agarrar, encolher-se, esticar-se e espreguiçar-se são vistos com clareza nos exames de ultrassonografia e levam os pesquisadores a pensar que isso já é uma prática para o período seguinte ao nascimento. Para reforçar a existência de experiências uterinas que preparam para a interação com pais e cuidadores nos primeiros minutos de vida. Os autores citam como exemplo os movimentos de embalo que o feto experimenta no útero e que podem explicar por que, depois do nascimento, o recém-nascido sente muito prazer ao ser embalado no colo.

As seis maneiras de existir

Existem seis estados de consciência diferentes num recém-nascido, conforme Klaus e Klaus (2001), A divisão foi feita com base no grau de sono e vigília, visualizados esquematicamente a seguir:

Sono		Vigília		
Sono tranquilo	Sono ativo	Alerta tranquilo (período pós-amamentação)	Alerta ativo (pré-amamentação)	Choro
• Rosto relaxado. • Pálpebras sem movimento. • Ausência de movimentos corporais.	• Presença de movimentos faciais e corporais. • Deslocamento no berço.	• Ausência de movimentos. • Olhos abertos e brilhantes. • Olhar dirigido ao rosto dos pais. • Reação a vozes. • Assimilação do ambiente.	• Movimentos frequentes. • Olhar focado no ambiente.	• Indicação de fome e desconforto.
Sonolência (período de transição entre o sono e a vigília – quando o bebê está acordando ou adormecendo). • Presença de movimentos.				

Pais que têm conhecimento sobre esses seis estados, que constituem a maneira de um bebê existir, vão planejar o momento ulterior ao parto, de modo que possam aproveitar o período de inatividade alerta que acontece na primeira hora de vida do bebê para o estabelecimento inicial do vínculo afetivo entre os membros da nova família. O entendimento de cada momento, suas implicações e necessidades forma pais seguros e aptos para acolher um filho com carinho e respeito.

A capacidade visual do recém-nascido

Como o bebê nasce míope e somente depois dos 3 meses de idade pode ter uma visão mais detalhada, é fundamental que se entenda que sua visão inicial funciona melhor a uma distância de 20 a 25cm do rosto, distância-padrão no período da amamentação. O bebê adora olhar para o rosto dos pais, que em pouco tempo se tornam importantes para ele. Quatro horas depois do nascimento, um recém-nascido é capaz de reconhecer o rosto materno e é especialmente responsivo a mudanças sutis no rosto dela.

Novos objetos e imagens também interessam e o bebê tem preferências por círculos, listras, padrões curvos e contornos nítidos. O contraste claro-escuro também o atrai, bem como as cores primárias. Ele tem noção de profundidade, processa informações visuais, lembra-se do que viu podendo usar essas informações.

Um recém-nascido é particularmente atraído pelo movimento; por isso, move olhos e cabeça quando um objeto em movimento atrai sua atenção. Se o objetivo visual for interessante, ele é capaz de mudar seu estado de consciência. Como ele demonstra interesse por objetos e figuras novas – a chamada resposta à novidade –, isso pode significar uma capacidade de lembrar figuras já vistas. Até o uso dos óculos por parte da mãe pode causar estranheza no bebê, o que indica uma **percepção visual** e de memória.

"Esses breves períodos de extrema atenção visual, os quais ocorrem logo após o nascimento e durante todo esse período inicial, levam o recém-nascido a um contato visual olho a olho, um elemento vital na interação humana". (Klaus; Klaus, 2001, p. 44).

Essa capacidade visual precoce e o incansável desejo dos pais de admirar seu bebê oportunizam uma aproximação e dão início a um longo aprendizado entre ambos, que tem como base a interação.

A capacidade auditiva

O sentido da audição, que meses antes do nascimento já está desenvolvido, permite que um recém-nascido distinga entre tipos de som, intensidade, altura, frequência e vozes diferentes, conseguindo até mesmo determinar de que direção vem o som. A preferência por voz mais aguda parece ser percebida pelos pais, que inconscientemente a utilizam para conversar pela primeira vez com seu bebê depois do parto.

Bebê - Bebeteca - Biblioteca - Brincadeiras - Canções - Cérebro - Criança - **Cuidadores** - Desenvolvimento
Emoção - Experiências - **Feto** - **Recém-nascido** - **Gestante** - Infância Inicial - Leitura - **Linguagem** - Literatura
Livros - **Mediação** - Narrativas - **Pais** - Período crítico - Rimas

Em torno dos 6 meses de idade, um bebê parece categorizar e analisar sons específicos da língua materna e já demonstra uma capacidade de fazer associações a partir de *inputs* sensoriais diferentes. É a capacidade precoce de aprendizagem que já está presente.

Um recém-nascido, segundo os pesquisadores, prefere a **fala humana** a sons inanimados, e falas aprovadoras às vocalizações zangadas.

> "Eles também parecem ter uma preferência inata por uma voz viva, falando com eles com sentimento, a uma voz de rádio." (Klaus; Klaus, 2001, p. 60)

Quando essa fala se torna mecânica, o bebê perde o interesse. A voz da própria mãe é a preferida do bebê; na semana do nascimento a voz do pai passa a ser a eleita entre as demais vozes masculinas com as quais tem contato. Essa preferência pela voz da mãe pode vir da audição contínua durante a gravidez ou pelo fato de que, em níveis normais de conversa, a voz feminina é mais distinguível através da parede do útero do que a voz masculina, que possui tom mais baixo.

Em torno da segunda semana depois do nascimento, portanto, o bebê já coordena visão, sons e memória da voz da mãe. É importante que a mãe vocalize com seu bebê durante os momentos especiais, que incluem a cerimônia da amamentação, do banho, da troca de fraldas e do adormecer. Introduzir acalantos, canções e pequenas narrativas como parte dessas ocasiões significa sensibilizar a criança para a música e para a leitura – requisitos fundamentais para transformá-la num leitor precoce.

O sentido do tato

> "O sentido do tato é um componente importante no modo como os bebês consolam a si mesmos, exploram seu mundo e iniciam contato." (Klaus; Klaus, (2001, p. 58)

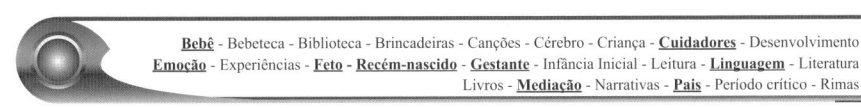

Considerada o maior órgão do corpo humano, a pele, quando tocada, traz muitos benefícios. A ausência de toque durante a amamentação resulta em dificuldades de interação e num desenvolvimento físico e mental mais lento. Por outro lado, tocar e massagear apropriadamente um recém-nascido parece ativar inúmeras respostas fisiológicas e emocionais capazes de tranquilizar, relaxar e aumentar o conforto e o crescimento do bebê. A massagem diária é capaz de diminuir a angústia, melhorar os padrões de sono, reduzir desconfortos como as cólicas e, se feita com frequência, qualificar o desenvolvimento.

Comportamentos frequentes, como os de tocar, acariciar e aconchegar o bebê, além de estimular o desenvolvimento físico e emocional, reforçam os vínculos afetivos entre mãe e bebê. Pelo toque a mãe explora o corpo do filho, conhece e é reconhecida por ele. O sentido do tato, como os demais, pode ser desenvolvido pela interação e por estímulos oriundos do meio; logo, um entorno rico em texturas pode sensibilizar a criança e acelerar o ritmo desse desenvolvimento. Livros de materiais diversificados, como tecido, papel simples, reciclado ou cartonado, entre outros, podem fazer parte dos objetos lúdicos do quarto do recém-nascido.

O paladar e o olfato

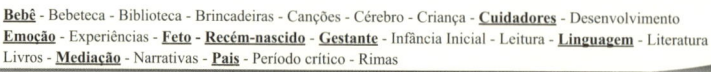

Os sentidos do paladar e olfato estão presentes e desenvolvidos no momento do nascimento. A existência do paladar pode ser percebida quando o bebê demonstra preferência por líquidos doces e desprazer por líquidos ácidos ou amargos. É interessante observar aqui que esse desprazer pode ser resultado dos diferentes temperos circulantes no líquido amniótico que são ingeridos pelo feto na vida intrauterina, ou estar associado à necessidade de **adaptação e sobrevivência**.

O gosto pelo sabor salgado aparece mais tarde, por volta dos quatro meses. A percepção do sabor depende, além da língua e da garganta, do olfato. Um recém-nascido pode reconhecer cheiros diferentes com um ou dois dias de vida, os quais estão, primeiramente, ligados à figura materna. O bebê reconhece o cheiro do leite da mãe, os odores de seu pescoço e axilas, sendo, portanto, capaz de reconhecê-la por meio do olfato.

> "[...] os quatro sabores básicos – doce, azedo, amargo e salgado – detectados pela língua são decodificados em nosso cérebro, o que é provavelmente um benefício adaptativo, uma vez que o leite da mãe é doce, os venenos geralmente são amargos e o sal constitui uma parte importante de nossos fluidos corporais." (Klaus; Klaus 2001, p. 60).

Todas as capacidades citadas continuam se desenvolvendo após o nascimento pelos estímulos proporcionados pela interação entre o bebê, seus pais e seus cuidadores. Essa interação se modifica quando pais e cuidadores entendem que os movimentos também estão ligados a estímulos.

Movimentos e expressões do recém-nascido

Os movimentos de um recém-nascido, embora a um leigo pareçam sem qualquer coordenação, contêm ritmo e padrões identificáveis, além de estarem em sincronia com a fala do adulto cuidador.

O rosto de um bebê, em razão de algumas características, como testa ampla, olhos brilhantes, nariz pequeno e bochecha redonda e macia, fascina a maioria dos adultos e é o alvo das verbalizações de uma mãe no seu primeiro contato com o bebê. Nesse momento, quase tudo o que é dito por ela se refere ao rosto e, especialmente, aos olhos. As expressões faciais do recém-nascido demonstram as principais emoções humanas. É comum ver expressões de

> "Os bebês parecem tornar-se mais responsivos quando os adultos os acompanham ou imitam gentilmente, em vez de estimulá-los ou conduzi-los." (Klaus; Klaus, (2001, p. 77)

tristeza, alegria e repulsa, por exemplo, em bebês. Quando está em alerta tranquilo, ele olha para o rosto do adulto e é capaz de imitar algumas expressões; por outro lado, a mãe é um espelho para seu bebê e, com muita frequência, nos primeiros meses de vida, ela passa longos períodos imitando as expressões de seu recém-nascido. **A imitação de ações do bebê** pode contribuir para seu processo de autodescoberta.

Consciente dessas capacidades precoces de um recém-nascido, entende-se que ele vem preparado para interagir com a mãe já nos momentos iniciais de sua vida. Essa interação é responsável pelo apego e pelo vínculo entre mãe-bebê, consequência de alguns comportamentos, como o toque, o contato olho a olho, a voz, o emparelhamento, o interagir nos períodos que o bebê está em estado de alerta, o pegar no colo, o odor e o choro, assumidos logo após o nascimento.

A interação e o atendimento ao recém-nascido assumem, hoje, características diferentes em relação a um passado relativamente recente. Os pais devem preocupar-se com o planejamento do ambiente da sala de parto e com a necessidade de ficarem a sós com seu bebê na primeira hora de vida, quando tudo começa. Esse momento logo após o nascimento é considerado pelos pesquisadores como um período sensível, capaz de alterar a qualidade da interação, contribuindo para uma ligação da mãe ao bebê, que vai se reforçar de forma gradual e contínua durante a infância inicial. Portanto, investir positivamente no emocional de um bebê influencia nas suas respostas e no seu desenvolvimento futuro.

Cientes dessas verdades, os pais devem planejar um desenvolvimento completo e adequado para o seu bebê. Nesse planejamento é importante que se tracem objetivos de leitura pelo bebê e para o bebê, envolvendo o grupo familiar e seus cuidadores. Se o ambiente familiar se tornará a primeira sala de leitura desse bebê, os pais serão seus primeiros mediadores e, como tais, necessitam saber que papéis irão desempenhar nessa função e a quem delegá-los na sua ausência.

Feto	• Ouve • Sente • Faz experiências	• Preparação para interagir	
Recém-nascido (possui)	• Visão	• 20-25cm	• **Prefere:** rostos, círculos, listras, padrões curvos e contornos nítidos.
	• Audição	• bem desenvolvida	• **Distingue:** tipos de sons, intensidade, altura, frequência, vozes diferentes e direção do som. • **Prefere:** voz aguda, fala humana e em tom aprovador.
	• Tato	• muito desenvolvido	• **Proporciona:** tranquilidade, relaxamento e consolo. • **Aumenta:** conforto e crescimento.
	• Paladar	• experimentado desde o útero	• **Oferece:** benefício adaptativo e de sobrevivência.
	• Olfato	• distinção de cheiros diferentes (1 ou 2 dias)	• **Permite:** reconhecimento da mãe.

Os papéis exercidos pelo mediador e a formação

Mediar ações de leitura com crianças de 0 a 3 anos é tarefa desafiadora com raras publicações de pesquisas/experiências nessa direção.

Com a incumbência de aproximar o bebê do livro, os mediadores-pais ou mediadores-cuidadores, diferentemente dos mediadores-professores, não necessitam de uma capacitação profissional nem de recursos especiais para tal tarefa; basta que lhes sejam passadas algumas orientações que servirão de fio condutor no processo de incentivo à leitura com bebês.

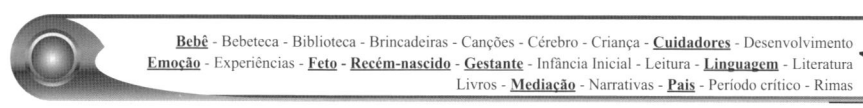

> "1º) Ler não é uma perda de tempo. 2º) Ler é divertido. 3º) Todos os livros não agradam a todas as pessoas. 4º) Não se deve obrigar a leitura, mas sim facilitá-la. A leitura nunca deverá ser um castigo. 5º) É bom que os pais compartilhem leituras com seus filhos, que lhes contem contos, que lhes leiam histórias ou que leiam juntos livros de imagens e álbuns. 6º) É bom que os filhos vejam seus pais lerem. 7º) É bom visitar livrarias, comprar livros e usar bibliotecas."

> "1º) Leer no es una pérdida de tiempo. 2º) Leer es divertido. 3º) Todos los libros no les gustan a todas las personas. 4º) La lectura no se debe obligar, pero sí se debe facilitar. La lectura nunca será un castigo. 5º) Es bueno que los padres compartan lecturas con sus hijos, que les cuenten cuentos, que les lean historias o que lean juntos de imágenes y álbumes. 6º) Es bueno que los hijos vean leer a los padres. 7º) Es bueno visitar librerías, comprar libros y usar bibliotecas." (Cerrilho, 2002, p. 33).

Como adulto responsável por possibilitar atividades de leitura organizadas e regulares no âmbito familiar, os mediadores-pais precisam ter alguns **entendimentos básicos**.

Atividades de leitura, portanto, exigem uma postura clara do mediador. Baseada nessa lista de posturas, infere-se que os papéis dos mediadores-pais e dos mediadores-cuidadores em ações de leitura na infância inicial são dois: de *aproximador* e de *modelador*.

Na condição de sujeito ativo, o pai, a mãe e o cuidador vão exercer um papel de *aproximador*, propiciando os primeiros contatos da criança com o livro de forma afetiva, íntima e proveitosa. Esses primeiros contatos consistem em cercar a criança com livros adequados a seus interesses. Isso significa escolher obras que, ao transmitirem uma mensagem, fazem-na de forma correta, com palavras adequadas e com textos capazes de despertar emoções na criança, respeitando suas preferências e necessidades.

Como *modelador*, seu papel é o de ensinar pelo exemplo. Planejar os momentos destinados à visitação de livrarias e bibliotecas e, principalmente, os momentos em que vai ler e contar histórias para a criança, contar histórias com sentimento e convicção podem ser o melhor estímulo para o aprendizado de um comportamento de leitura.

Não há necessidade de formação específica para transformar esse grupo familiar ou institucional em mediadores de ações de leitura com bebês. Nenhum membro desse grupo precisa ter formação acadêmica para aproximar uma criança de bons livros e ler para ela. Basta que se disponha a buscar ou aceitar informações de profissionais especializados – professores, bibliotecários e livreiros.

Bebê - Bebeteca - Biblioteca - Brincadeiras - Canções - Cérebro - Criança - **Cuidadores** - Desenvolvimento
Emoção - Experiências - **Feto** - **Recém-nascido** - **Gestante** - Infância Inicial - Leitura - **Linguagem** - Literatura
Livros - **Mediação** - Narrativas - **Pais** - Período crítico - Rimas

Cientes dos dois importantes papéis que lhes são exigidos para desempenhar a função de mediadores e com algumas certezas assimiladas, pais e cuidadores, com vínculos afetivos estabelecidos com a criança, estão aptos para seguir em frente nessa tarefa. Ao introduzirem a leitura na vida de seus filhos, esses pais estarão se fazendo leitores também. Inicia-se nesse período o desenvolvimento de um comportamento de troca e de crescimento mútuo, com o qual a maior beneficiada será, sem dúvida, a criança.

Conclui-se, em relação ao exposto, que é necessário conscientizar a mãe sobre a importância da leitura, dos livros e da mediação a partir do início da gestação, para que ela se reconheça como mediadora e entenda que o incentivo à leitura deve começar pelas suas mãos, no âmbito familiar, no momento que a vida do bebê se inicia.

Papéis do mediador				
	• Aproximador	• Oferta de livros	• Bons • Adequados	(de forma) • Afetiva • Íntima • Proveitosa
	• Modelador	• Exemplo	• Lendo • Contando histórias • Visitando livrarias e bibliotecas	(com) • Sentimento • Convicção

A mediação, a linguagem e a emoção

A mediação é um processo que envolve o mediador e o mediado por meio da **linguagem** verbal ou corporal, a qual se constitui na base da mediação e da convivência humana e é fundamentada nas emoções.

> "O peculiar do humano não está na manipulação, mas na linguagem e no seu entrelaçamento com o emocional," (Maturana, 1998, p. 19).

Bebê - Bebeteca - Biblioteca - Brincadeiras - Canções - Cérebro - Criança - **Cuidadores** - Desenvolvimento - Emoção - Experiências - **Feto** - **Recém-nascido** - **Gestante** - Infância Inicial - Leitura - **Linguagem** - Literatura - Livros - **Mediação** - Narrativas - **Pais** - Período crítico - Rimas

A história da transformação do cérebro humano está relacionada muito mais com a linguagem e com as emoções que a desencadeiam do que com a manipulação de instrumentos.

Não se fala, aqui, somente da linguagem como um sistema simbólico de comunicação, porque supervalorizar o símbolo, um aspecto racional da linguagem, é deixar em segundo plano o ato da fala. E a fala, como ato, está relacionada a algum tipo de **emoção**.

> "Não há ação humana sem uma emoção que a estabeleça como tal e a torne possível como ato." (Maturana, 1998, p. 22).

A mediação é um viver no conversar no qual as emoções definem o que se diz pela linguagem. Um mesmo gesto, um mesmo comportamento vai ter um significado de acordo com a emoção que o origina. O mesmo acontece com um discurso, cujo sentido vai depender da emoção a partir da qual foi criado.

A relação social fundamenta-se na emoção, permitindo interações nas quais as pessoas se respeitam mutuamente. Porém, nem todas as relações humanas são sociais. As que surgem do compromisso de cumprir tarefas não são sociais porque o cumprimento da tarefa é a única coisa que importa.

> "A emoção fundamental que torna possível a história da hominização é o amor. [...] O amor é o fundamento do social, mas nem toda convivência é social. O amor é a emoção que constitui o domínio de condutas em que se dá a operacionalidade da aceitação do outro como legítimo outro na convivência, e é esse modo de convivência que conotamos quando falamos do social. [...] sem a aceitação do outro na convivência, não há fenômeno social." (Idem, 1998, p. 23).

O grande diferencial do ser humano em relação aos demais animais está na linguagem e na sua ligação com o emocional. Assim, essa capacidade de emocionar-se vai definindo como vão acontecer os fatos que fazem parte do conviver.

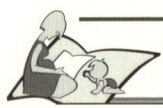

A criança, desde o nascimento, está ativa e capacitada a interagir com o mundo que a rodeia, e seu principal meio de ligação seu com o meio é outro ser humano familiar que lhe permita entrar neste mundo de ações humanas, no qual o estímulo mais poderoso de aprendizagem em experiências diárias são as respostas sociais. A maioria das ações na infância inicial acontece nas restritas situações familiares por meio de atos de fala, que nada mais são do que condições preparatórias para o desenvolvimento afetivo e intelectual da criança. É essa interação comunicativa que transforma o inato em adquirido e o natural em cultural, mostrando o que é canônico e valorizado pelos mediadores.

Dessa forma, é possível que se planejem ações de leituras no período da infância inicial, baseadas na interação afetiva que pais e cuidadores podem manter com a criança, como mediadores; na literatura oral e nas brincadeiras como os primeiros recursos a serem utilizados nessas atividades, com grandes possibilidades de êxito para toda e qualquer criança, já que "todo mundo teve pai [...] quem já foi e quem ainda vai, assim como todo mundo teve mãe [...] índios, africanos e alemães".

Mediação		Linguagem	Emoção	Relações sociais
	• Mediador			
	• Mediado			

PERCORRENDO CAMINHOS PARA UMA AÇÃO DE LEITURA

> "As crianças privadas de uma interação verbal normal com os pais ou com quem quer que esteja participando de sua criação terão seu desenvolvimento linguístico seriamente comprometido e podem nunca mais se recuperar, caso essa privação seja prolongada."
>
> **Diane McGuiness**

O desejo de entender um fenômeno social considerado complexo, que é a formação de leitores numa faixa etária que ainda desperta pouco interesse acadêmico no Brasil, estimulou o percurso de diversos caminhos exploratórios em relação ao tema e a trabalhos já realizados com crianças de 0 a 3 anos, os quais foram determinantes para a escolha da estratégia de pesquisa utilizada neste estudo.

O primeiro caminho percorrido foi navegar pela internet em busca de profissionais que estivessem trabalhando nessa área e com essa faixa etária. O resultado foi enriquecedor e o projeto encontrado no *site* www.bookstart.org.uk foi decisivo para o início dessa investigação. Trata-se de um programa nacional no Reino Unido que estimula pais e acompanhantes a desfrutar livros com crianças o mais cedo possível, com o objetivo de desenvolver um amor pelos livros que dure a vida inteira.

Uma das pesquisadoras entrou em contato, por *e-mail*, com a coordenadora do projeto, Melinda Stevenson, de quem, após alguns meses, conseguiu autorização para visitar e observar o projeto *in loco*. A coordenadora também orientou a pesquisadora, durante o tempo em que permaneceu em Londres, para que observasse diferentes atividades e dialogasse com os mediadores (Figura 2). Cedeu-lhe materiais de leitura (Figura 1) que são doados a todos os bebês que participam do projeto.

Figura 1 – Entrega do material.

Figura 2 – Observação.

O segundo caminho, e igualmente significativo, aconteceu quando, ao fazer-se uma pesquisa exploratória bibliográfica sobre a produção de Esther Beyer, na biblioteca da Universidade Federal do Rio Grande do Sul, surgiu a oportunidade de contatar essa professora, diretora do Instituto de Artes – Departamento de Música da mesma instituição –, que desenvolve um projeto denominado Música para Bebês. Além de disponibilizar um significativo material bibliográfico sobre o trabalho, a professora Beyer propiciou a primeira observação de uma aula de música para bebês entre 12 e 18 meses, o que comprovou a importância social desse estudo investigativo.

O terceiro caminho foi procurar uma creche, na cidade de Passo Fundo (RS), que desenvolvesse algum projeto de leitura envolvendo as crianças em atividades regulares para que fossem observadas, descritas e analisadas. A creche observada pertence a uma instituição privada, cujos dirigentes e professores permitiram filmagens por entenderem que o resultado da pesquisa pode contribuir para o aprimoramento do trabalho realizado na instituição.

A investigação de um fenômeno social complexo, como as ações de incentivo à leitura na infância inicial, caracterizou-se como um estudo de caso observacional, considerado por Triviños (1987, p. 135) como "uma categoria típica de pesquisa qualitativa".

Para obter informações sobre os comportamentos e a relação que existe entre o comportamento e o ambiente, as técnicas mais utilizadas por pesquisadores são a observação, a entrevista e o questionário. A escolha de uma dessas técnicas depende de muitas variáveis. Neste estudo investigativo, optou-se pela técnica da observação livre e de anotações de campo descritivas, cuja "exatidão das descrições dos fenômenos sociais é um requisito essencial da pesquisa qualitativa, como primeiro passo para avançar na explicação e compreensão da totalidade do fenômeno em seu contexto, dinamismo e relações" (Triviños, 1987, p. 155).

Utilizou-se uma ficha de observação para anotar dados importantes ainda no local da observação e fizeram-se filmagens e fotografias, quando permitidas, para registro de dados e, assim, não perder nada do que estava acontecendo com os sujeitos da pesquisa durante a atividade de leitura proposta pelo mediador. Tal ficha foi elaborada com base no modelo sugerido por Triviños (1987, p. 158), feitas as modificações necessárias, conforme segue:

FICHA PARA ANOTAÇÕES DE CAMPO NA OBSERVAÇÃO LIVRE

1. Nome da instituição que patrocina a pesquisa:
2. Título da pesquisa:
3. Nome do orientador da pesquisa: Telefone:
4. Nome do observador: Telefone:
5. Tipo de observação:
6. Assunto observado:
7. Nº de observações:
8. Local:
9. Dia: Mês: Ano:
10. Turma:
11. Idade dos bebês:
12. Nº de bebês:
13. Cuidadora(s):
14. Hora: Duração:
15. Material didático utilizado:
16. Data de realização do relatório:
17. Data da realização do comentário crítico:
18. Nome do investigador que realizou o comentário crítico:

Relatório:

Comentário crítico: _____

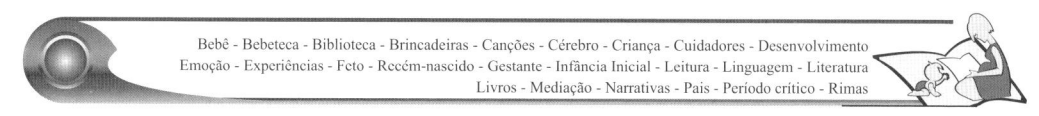

Por se tratar de uma atividade com bebês que envolve, além da literatura e da neurologia, a psicologia, as observações respeitam, de forma adaptada, o método desenvolvido por Wirth (2000, p. 211), que se utiliza do método de Esther Bick, enfatizando que a riqueza dessa ação para o aprendizado decorre de duas regras simples: "[...] como regra número um, ao observador, a necessidade de observar sem passar a nenhuma conclusão e, como regra número dois, ficar apenas como receptor, não solicitar mudanças, não interferir." O método, inicialmente desenvolvido para perceber o vínculo entre mãe-bebê, já foi adaptado para situações entre bebês e seus pais; bebês em UTI neonatais, em enfermarias pediátricas e em creches.

As observações foram realizadas com três grupos diversificados, em momentos e locais diferentes. Na ordem cronológica, o primeiro grupo observado foi o da professora Esther Beyer, Música para bebês, em atividade que aconteceu numa sala da Faculdade de Belas Artes da Universidade Federal do Rio Grande do Sul, envolvendo dez bebês com idades entre 12 e 18 meses, acompanhados de seus pais ou cuidadores, durante uma hora. Os sujeitos envolvidos nesse projeto são voluntários.

O segundo grupo, formado por 12 crianças na faixa etária entre 18 e 26 meses, pertence a uma creche que atende aos filhos de funcionários de uma instituição particular, independentemente de cargo, função ou setor, em Passo Fundo (RS). As crianças faziam parte do grupo denominado Maternal I e, acompanhadas de suas respectivas cuidadoras, foram observadas durante o período de um mês, semanalmente, sempre no mesmo dia e horário, por um tempo médio de 15 minutos.

O terceiro grupo observado, também de voluntários, constituiu-se de crianças de 0 a 48 meses acompanhadas das mães ou cuidadoras, em atividades de leitura realizadas em duas bibliotecas na cidade de Londres. As duas atividades, que duraram uma hora cada, fazem parte de um programa do governo inglês denominado *Bookstart*; são regulares, acontecem semanalmente, no mesmo dia e horário, e são mediadas por bibliotecários ou professores.

Todas as observações focalizaram o tipo de material utilizado, o comportamento das crianças em resposta às atividades de leitura desenvolvidas pelos mediadores, o comportamento dos mediadores, o tipo de atividade e o tipo de interação. As atividades foram selecionadas pelos mediadores sem intervenção da pesquisadora, que se manteve neutra, evitando interferências e atitudes que prejudicassem a atividade. Entendem-se por atividades de leitura na faixa etária de 0 a 3 anos: canções, brincadeiras (parlendas, trava-línguas, rimas) e narrações de contos.

Com o objetivo de investigar "como os adultos do grupo familiar com filhos entre 0 a 3 anos ou do grupo cuidador dessas crianças são capazes de, por meio de interações e de práticas orais de leitura, aproximar essas crianças do livro e da literatura para transformá-las em leitoras precoces", a estratégia de pesquisa foi o estudo de caso e a técnica de coleta de informações, a observação livre. Tem-se, então, um estudo de casos observacionais sustentado, basicamente, por três áreas do conhecimento: psicologia, neurociências e literatura. Por se tratar de atividades de interação entre bebês e cuidadores, o estudo investigativo, segundo os campos de atividade humana, foi intergeracional, ou seja, o trabalho é um estudo de caso observacional multidisciplinar e intergeracional.

DESCREVENDO E ANALISANDO PROJETOS DE LEITURA NA INFÂNCIA INICIAL

"[...] Os pais não só passam os genes, mas também podem escrever nesses genes, dependendo de como interagem vocal e emocionalmente com a criança."

Diane McGuiness

Três projetos que envolvem bebês foram observados e serão relatados e discutidos à luz dos fundamentos teóricos expostos neste trabalho. O primeiro, *Bookstart*, está sendo realizado em Londres e é um programa de incentivo à leitura administrado pela Fundação Nacional do Livro, que conta com uma parceria pública e privada e é patrocinado por mais de 25 editoras infantis. O segundo, Música para Bebês, está acontecendo em Porto Alegre, (RS), com o apoio da Universidade Federal do Rio Grande do Sul. O terceiro é um projeto de leitura executado pelos professores de uma creche da cidade de Passo Fundo, (RS).

A discussão, após a descrição dos projetos e de cada observação, será fundamentada nas oito questões que seguem, formuladas com base nos subsídios de diferentes teorias apresentadas no capítulo 2 deste estudo, envolvendo os seguintes temas: Promoção de Leitura se faz com Literatura; O Desenvolvimento da Criança e suas Teorias; Infância Inicial: O Momento Ideal para a Promoção de Leitura; A Formação do Comportamento na Criança; Pais e Cuidadores: Os Primeiros Mediadores; Os Papéis e a Formação do Mediador; A Mediação, A Linguagem e a Emoção. As questões constituíram-se num roteiro para uniformizar as observações nos diferentes projetos.

1) Os livros utilizados eram de literatura?

2) As canções eram adequadas?

3) As quatro dimensões que envolvem o processo de leitura – neurofisiológica, cognitiva, afetiva e simbólica – foram respeitadas?

4) As atividades contemplavam alguma teoria do desenvolvimento infantil?

5) Que tipo de relação pode ser observada entre o cuidador e as crianças durante a atividade de leitura?

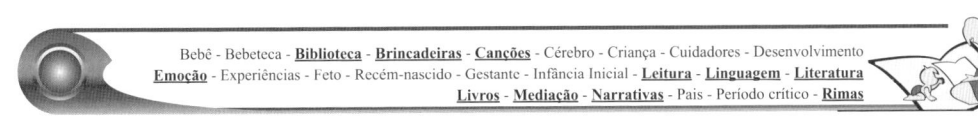

6) Os papéis do contador de história, de aproximador e modelador foram observados pelos animadores de leitura?

7) A atividade possibilitou a formação de um novo comportamento capaz de transformar a criança em leitor precoce?

Bookstart

Iniciar com livros.

A visita ao programa *Bookstart*, então coordenado por Melinda Stevenson, aconteceu em 2007. Todos os contatos anteriores a essa visitação foram feitos por meio eletrônico e proporcionaram um conhecimento razoável à pesquisadora visitante sobre o programa que está publicado no *site* www.bookstart.co.uk. Um cronograma elaborado especialmente para as visitas, acompanhado dos endereços das bibliotecas e dos meios de transporte disponíveis para os deslocamentos necessários do hotel até os locais das atividades, foi informado com antecedência e permitiu que uma das pesquisadoras chegasse em segurança para acompanhar as atividades desenvolvidas em diferentes projetos do programa.

O *Bookstart*, que teve início em Birmingham, em 1992, envolvendo 300 bebês, atualmente contempla mais de dois milhões de crianças e seus familiares a cada ano e divide-se em duas partes. A primeira consiste na distribuição gratuita de três pacotes de livros e materiais de orientação, que, de acordo com a faixa etária da criança, são denominados de: **Bookstart Pack for Babies**, **Bookstart + Pack for Toddlers** e **My Bookstart Treasure Chest.**

Iniciar com livros: pacote para os bebês.

Iniciar com livros: pacote *plus* para crianças até 2 anos e meio.

Iniciar com livros: meu baú do tesouro.

Bookstart Pack for Babies é um pacote para bebês entre 0 e 12 meses de idade que contém uma sacola de lona com dois livros de capa e folhas duras, um livro de canções infantis, conselhos para compartilhar livros e informações sobre bibliotecas. São geralmente entregues às crianças em torno dos 7 meses de idade.

Bookstart Pack for Toddlers destina-se a crianças de 18 a 30 meses e visa estimular o desenvolvimento da linguagem e de habilidades auditivas com livros e materiais divertidos e atraentes. Numa sacola de náilon as crianças recebem dois livros, uma caixa de lápis de cera, um livro para colorir, números para brincar e adesivos para livros dizendo "esse livro pertence a...", uma lista de livros adequados a essa faixa etária e um folheto de orientação para pais e cuidadores.

My Bookstart Treasure Chest é um pacote destinado a crianças com idades entre 36 e 48 meses, consistindo numa caixa que imita madeira, semelhante a um baú pirata, decorada com joias, moedas e colar de pérolas para atrair meninos e meninas. Tem um compartimento escondido para guardar livros e desenhos e contém, além da caixa, uma sacola de plástico colorida, dois livros ilustrados, um livro de ideias focado na linguagem inicial e na habilidade auditiva, uma lista de livros de ficção e não ficção para crianças e seus pais, que inclui informações sobre assuntos como o divórcio e o luto, adesivos para colocar em livros dizendo a quem estes pertencem, lápis de cor, um apontador e um bloco de desenho.

O conteúdo dos pacotes pode variar, e estes podem ser entregues às crianças por seu agente de saúde, na clínica, nos locais que cuidam de crianças ou numa biblioteca local, sempre mediante apresentação do livro de registro de saúde do bebê. A primeira parte,

Figura 3 – *Bookstart Pack for Babies.*

Figura 4 – *Bookstart Pack for Toddlers.*

Figura 5 – *My Bookstart Treasure Chest.*

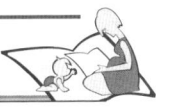

que doa pacotes de livros gratuitos, incluindo manuais de orientação de uso dos materiais, é apenas um pouco do que é oferecido para as crianças e seus familiares.

A segunda parte do projeto consiste em rodear a criança e a família com os benefícios e o prazer de compartilhar livros por meio de atividades regulares. É nessa etapa que o endosso e o entusiasmo de profissionais locais através de atividades em bibliotecas, clínicas e espaços frequentados por pais, cuidadores e bebês configuram-se como essenciais para a conscientização e disseminação da proposta do projeto: desenvolver em cada criança do Reino Unido um amor perene pelo livro.

Nessa segunda parte o programa subdivide-se em três projetos, que são: **Bookstart Book Crawl**, **Booktouch Scheme for Blind and Partially Sighted** e **Bookstart Baby Rhymetime Activities**.

O primeiro, *Bookstart Book Crawl*, incentiva os pais a levarem seus filhos menores de 4 anos para as bibliotecas do bairro e torná--los membros dessas. As crianças recebem um adesivo a cada visita, e cinco adesivos podem ser trocados por um certificado, cuja edição se limita a dez.

O segundo, intitulado *Booktouch*, é destinado a crianças com necessidades especiais, constituindo-se de um pacote de livros a ser distribuído gratuitamente com materiais de orientação que objetivam despertar o amor pelos livros em crianças cegas ou com visão parcial, de 0 a 4 anos de idade.

O terceiro, *Bookstart Rhymetime*, estrutura-se como um conjunto de atividades para bebês e crianças que começam a andar e a seus pais, e acontecem em bibliotecas e creches para encorajar pais e cuidadores a compartilhar rimas, poemas e canções com bebês a

Iniciar com livros: engatinhando com livros na biblioteca.

O livro tátil: um programa para crianças cegas ou com deficiência visual.

Iniciar com livros: atividades com rimas para bebês.

partir do nascimento. As sessões são compostas de uma mistura de canções, rimas, ritmo e movimento e proporcionam a participação em jogos, o contato com livros novos e brinquedos atraentes.

Foram observadas as atividades de **_Rhymetime_** e **_Storytime_** que acontecem em bibliotecas inglesas. Essas atividades promovem ações observáveis no espaço de bibliotecas. Para isso, foram determinadas pela coordenadora do projeto *Bookstart*, Melinda Stevenson, as bibliotecas de Marylebone Library e Paddington Children's Library, localizadas em Westminster, Londres. Na primeira objetivou-se observar uma atividade envolvendo rimas e, na segunda, uma atividade de narração de histórias.

> Hora da rima.
> Hora da história.

Rhymetime

A atividade denominada *Rhymetime* é realizada semanalmente, entre outras, na biblioteca de Marylebone, às terças-feiras, das 10h30 às 11h30. O ambiente difere de uma biblioteca tradicional, pois as cadeiras são pequenas, dispostas em semicírculo no fundo da sala, contornando um tapete com motivos infantis. Depois do tapete, na parede, encontram-se estantes baixas repletas de livros e, acima das estantes, alguns painéis também com motivos infantis, compondo o ambiente que recebe as crianças menores de 4 anos acompanhadas de um cuidador.

Figura 6 – *Rhymetime*.

À medida que chegavam, as crianças iam se socializando com as demais, circulando à vontade entre as estantes de livros e movimentando as cadeiras, enquanto as mães ou cuidadoras conversavam entre si. O tradicional silêncio que geralmente se observa numa biblioteca não existe em função do público-alvo do projeto.

Duas professoras chegaram ao local, cumprimentaram todos desejando um bom-dia e iniciaram as atividades de *Rhymetime*. Dez atividades foram realizadas com as crianças e seus acompanhantes, na seguinte ordem:

> Bata palmas.

Clap your hands – é uma canção que envolve, sobretudo, movimentos de mãos e braços, já que sugere que a criança bata palmas. A professora acompanhava a canção, que era tocada num aparelho de CD, fazendo os movimentos que sugeria e estimulando as crianças a fazerem o mesmo.

> Números.

Numbers – a canção estimula a criança a contar de zero a dez e a professora acompanhava a canção tirando bichinhos de pelúcia individualmente de uma caixa, até o décimo bichinho.

> Os cinco patinhos.

Five little ducks – é uma canção que enfatiza os números de cinco a um em ordem decrescente, com rimas repetidas das palavras *day/ far away* e *quack/ come back*.

> O macaco e o crocodilo.

Monkey and crocodile – a canção, que envolve um macaco e um crocodilo, foi cantada pelas professoras, que também manusearam esses animais de pelúcia, um em cada mão.

A canção seguinte fazia referência a algumas partes do corpo, como dedos, braços e pernas, sugerindo que fossem movimentadas à medida que eram ouvidas pelas crianças. O movimento iniciava com o dedo; depois, com o dedo e o braço; a seguir, com o dedo, o braço e a perna, e assim sucessivamente.

A sexta atividade envolveu um livro de folhas duras, permitindo que a professora abrisse e fechasse portas que faziam parte da ilustração, enquanto dizia versos com números e rimas referentes à figura que podia ser movimentada nas páginas do livro.

Sausages – foi o tema da última canção, que estimulava a contagem de salsichas da maior quantidade para a menor. Iniciava-se com o número dez e terminava com o um.

> Salsichas.

Na atividade de encerramento, as professoras disponibilizaram várias caixas contendo peças de encaixar gigantes, que possibilitavam diversos tipos de construções.

Essas atividades lúdicas foram desempenhadas também pelas mães e cuidadoras, que estavam sentadas ao lado de suas crianças, em cadeiras baixas. Foi importante observar os diferentes comportamentos dos acompanhantes: alguns imitavam seus bebês; outros demonstravam os gestos para a criança ou faziam os movimentos por elas segurando as suas mãos, e outros, ainda, acompanhavam a atividade sem interferir nos movimentos das crianças.

Foram utilizadas canções do folclore inglês ricas em jogos de palavras e jogos sonoros com o objetivo de estimular a fala, a afetividade e a motricidade da criança. A atividade foi planejada para dar ênfase ao trabalho com números, por meio de canções e imagens.

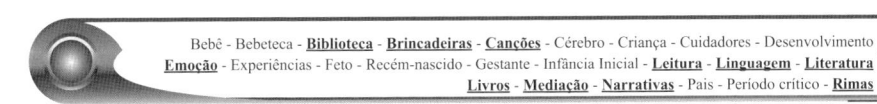

A importância da interação com pessoas para o desenvolvimento da criança, defendida por Vygotsky, por exemplo, foi contemplada com a exigência da presença de um cuidador participativo durante a atividade. De acordo com o autor (1998, p. 112), é pela interação mãe-bebê que se inicia uma aprendizagem colaborativa, para um comportamento que se encontra numa "zona de desenvolvimento proximal". O adulto mais experiente serve de estímulo para o desenvolvimento de um novo comportamento. A proximidade com uma pessoa na qual a criança confia parece fazer uma enorme diferença no desempenho das atividades. As crianças parecem sentir-se seguras para agir e fazer novas descobertas. Levando-se em consideração a teoria de Bandura, o comportamento da mãe funciona como um modelo que, provavelmente, será observado, aprendido, apropriado e desempenhado, uma vez que a figura da mãe serve de estímulo, fato comprovado pela constatação de que algumas crianças paravam de fazer a atividade assim que seu cuidador deixava de realizá-la (apud Bee; Mitchell, 1986, p. 348-350).

Foram ouvidos balbucios e gritos durante toda a atividade, porém nenhum deles parecia ser de desconforto; ao contrário, parecia haver imenso prazer pelas atividades que desempenhavam.

As atividades com rimas envolveram canções cheias de ritmo e uma linguagem repetitiva, facilitando a aquisição de habilidades de linguagem por parte das crianças. A utilização de signos, como gestos, imagens impressas em livros e bichinhos, pelas professoras ajudava as crianças a identificar as palavras mais facilmente e a memorizá-las. É o que Vygotsky e Luria chamam de "técnicas culturais" – uso de ferramentas ou signos como estímulos para desenvolver funções especiais, como atenção, memória, abstração, pensamento e fala (1996, p.184). Processos mediados no comportamento da criança correspondem ao segundo estágio do processo de aculturação responsável pela aprendizagem.

Nas considerações de Klaus e Klaus, quando recém-nascidos estão próximos do rosto de seus cuidadores, são capazes de observar as expressões faciais deles e de imitá-las. Quando os pais cantam, as expressões faciais são mais acentuadas, o que facilita o aprendizado dos bebês; logo, os pais funcionam como espelhos. Rimas podem ser utilizadas por todos os membros da família e são uma forma simples e fácil de comunicação, capaz de oportunizar bons momentos de uma interação culturalmente muito rica e afetivamente imprescindível na vida de uma criança. É necessário salientar que os sujeitos dessa ação apresentam diferentes faixas etárias entre 0 e 4 anos.

As quatro dimensões que envolvem o processo de leitura – neurofisiológica, cognitiva, afetiva e simbólica – foram identificadas na atividade pelo estímulo ao uso dos quatro sentidos – audição, visão, olfato e tato. Todas as canções foram associadas a uma ou mais imagens e cantadas pelo cuidador, que, pela proximidade, tocava a criança e estimulava o olfato através de seu hálito; as canções, para alguns, eram uma primeira audição e, para outros, uma segunda ou terceira.

A relação entre o mediador e as crianças foi realizada com uma linguagem verbal e corporal, numa interação baseada na aceitação mútua. As professoras faziam a atividade e os pais e cuidadores a realizavam juntos, de forma espontânea, sem cobranças, respeitando as limitações e o ritmo de cada um, numa relação social plena, como defende Maturana (1998), fazendo parte do processo educativo da criança.

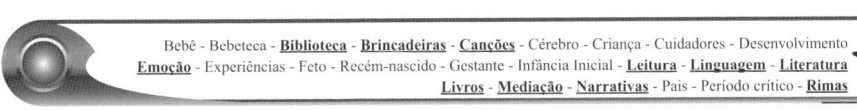

Os mediadores, nessa atividade de rimas e canções, desempenharam os papéis de aproximadores e modeladores para os bebês e os pais. A escolha das canções mostra aos pais que tipo de música é adequada e funciona como estímulo para o desenvolvimento do bebê, facilitando, dessa forma, a sua tarefa na escolha de novas canções para cantar em casa. O desempenho dos professores ao cantar funciona como modelagem para os pais, que vão observar e aprender como cantar com ritmo e de forma melodiosa, utilizando todos os signos disponíveis – palavras, gestos e imagens –, consideradas por Vygotsky e Luria (1996, p. 184) como técnicas culturais capazes de auxiliar o desenvolvimento de funções especiais na criança. Como mediadores, portanto, facilitam a aproximação dos pais e das crianças aos livros adequados e servem de modelo num processo de aprendizagem social, que, segundo Bandura, funciona em qualquer idade (apud Bee; Mitchell, 1986, p. 348-350).

A atividade de *Rhymetime* pode contribuir de modo efetivo para a formação de novos comportamentos na criança e no adulto cuidador. Em depoimento à pesquisadora ao final da atividade, alguns pais comentaram que cantam durante a semana somente as músicas aprendidas na sessão de *Rhymetime*.

Storytime, atividade desenvolvida em bibliotecas inglesas para crianças com idade inferior a 4 anos, foi observada numa quarta-feira, entre 10h30min e 11h30min, na Paddington Children's Library.

Storytime

A biblioteca é pequena e possui um interessante trenzinho de madeira, composto de três vagões repletos de livros. As crianças, à medida que vão chegando, circulam pela biblioteca, sobem e descem do trem, de onde retiram livros que entregam para seus cuidadores. Quando satisfeitas com a quantidade de livros "selecionados", dirigem-se, com o cuidador, ao balcão da biblioteca para realizar o empréstimo dos livros, que serão levados para casa e lidos em família.

A única preparação no ambiente para receber as crianças é um banco colocado próximo à parede, num espaço sem estantes. Como o chão acarpetado, quando o coordenador da atividade chega e se senta no banco, as crianças, com seus cuidadores, sentam-se

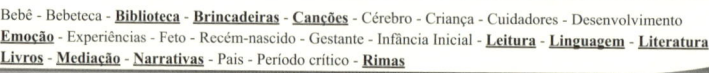

Figura 7 – *Storytime*.

também diante do contador de histórias, que inicia sua atividade saudando todos.

O contador de histórias iniciou a atividade com três canções: uma sobre as partes do corpo, outra sobre partes da sala e uma que envolvia os números de zero a dez. São músicas com versos que se repetem e que foram enfatizados com muitos gestos pelo contador de histórias, que utilizou, além das três atividades, outras 15, perfazendo um total de 18 atividades diferentes durante o período de uma hora, na seguinte sequência:

1) relato oral da fábula dos Três Porquinhos, usando o livro;

2) relato oral da história dos animais envolvendo as cores, usando o livro;

3) relato oral da história dos peixes associados a cores e figuras geométricas, usando o livro;

4) canto de uma música sobre o mar e o peixe;

5) canto que estimulava as crianças a remar num pequeno barco imaginário;

6) demonstração de um livro interativo com páginas vazadas, que deixavam à mostra uma parte de um animal e cujos versos estimulavam as crianças a adivinharem que animal era;

7) relato oral e canto de uma história sobre o patinho;

8) brincadeira com fantoches que saíam das páginas conforme o contador de histórias os manuseava;

9) relato oral da história do galo com livro;

10) relato oral da história do fazendeiro, com livro e com canção;

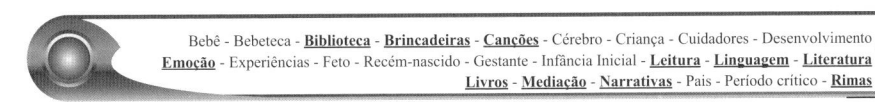

11) apresentação de um livro com ênfase na aprendizagem de números em ordem crescente;

12) outro em ordem decrescente;

13) apresentação de um grande livro com ênfase na aprendizagem dos números de zero a dez através de atividades com imagens;

14) canto de encerramento;

15) distribuição de cópias de figuras para colorir, entregues para as crianças levarem para casa.

Com exceção da fábula dos Três Porquinhos, as demais histórias foram breves, acompanhadas do livro, de muitos gestos e, principalmente, de modulação da voz. Em algumas histórias, as crianças saíam de seus lugares para ver de perto a imagem do livro; elas verbalizavam durante a narração da história, interagindo com o contador. Em nenhum momento foi solicitado silêncio ou interrompida a narrativa em razão do barulho. O contador atuou como um bom animador, que acelerava ou diminuía o ritmo da narração de acordo com o interesse da criança, além de mudar a história quando não prendia mais a atenção, ou de modificar o tom da voz.

Foram apresentados as partes do corpo, da sala da biblioteca, os números, as cores e muitos animais. A maior parte das canções era de natureza folclórica e estava associada a um livro e a uma história recém-ouvida.

A participação das mães e cuidadoras foi importante na repetição dos gestos, no aconchego das crianças, que ficavam bem próximas ou se sentavam no colo das cuidadoras, as quais também ajudavam a focar a atenção da criança, apontando para o livro ou para o contador de histórias quando estava desatenta. Entre as mais de 20 crianças que estavam presentes, apenas uma chorou, quando a mãe saiu de perto para atender ao celular. Participaram da atividade crianças de 0 a 4 anos de idade.

Os mais velhos já demonstravam comportamentos de leitores, que incluíam: retirada de livros antes do início da atividade, maior interação com o contador de histórias e fornecimento de explicações sobre alguma parte ou palavra da história que os menores não entendiam. É importante ressaltar que a biblioteca oferecia livros infantis em outras línguas, porque a maioria das crianças da região era filha de imigrantes, sendo a língua inglesa sua segunda língua.

Figura 8 – *Storytime.*

Os livros utilizados eram adequados à atividade e ao interesse das crianças, promovendo a interatividade, o que Vygotsky entende como um signo poderoso para estimular o desenvolvimento de comportamentos de leitura. Uma atividade que tem por finalidade formar leitores, enfatizando a interação entre pessoas, num ambiente social, contempla simultaneamente as ideias defendidas por Vygotsky e Bandura.

As dimensões que o ato de ler envolve – neurofisiológica, cognitiva, afetiva e simbólica – defendidas por Jouve (2002), foram contempladas pela narração e escolha de histórias capazes de estimular todos os sentidos da criança, fazendo pausas para permitir o entendimento, despertando emoções nas crianças, questionando o conteúdo do livro nas ações posteriores desses pequenos seres.

A interação do mediador com pais e cuidadores e suas crianças foi sempre embasada na emoção e na aceitação mútua, reforçando a importância desse tipo de interação para que uma ação de leitura não passe, como afirma Maturana (1998), de um encontro seguido de uma separação.

O mediador da atividade de *Storytime*, assim como as mediadoras da atividade de *Rhymetime*, desempenhou o papel de aproximador e modelador para pais e crianças. Aproximou-os de livros, validando publicações editoriais variadas e ensinando como contar uma história utilizando signos como palavras e objetos variados para estimular o desenvolvimento de comportamentos leitores. Crianças com menos de 4 anos de idade saindo da biblioteca carregadas de livros são a maior prova de que programas de incentivo à leitura sérios e bem planejados formam comportamentos de leitura capazes de transformá-las em leitores precoces.

As duas atividades observadas nesse programa não dividiam as crianças por faixa etária ou por estágios do desenvolvimento. Bebês de colo e bebês mais velhos eram estimulados com a mesma atividade, mas ambas tinham na interação mãe-bebê a base e o suporte necessários para o desenvolvimento do trabalho.

Por outro lado, os três pacotes entregues aos bebês são por faixa etária – 0-12; 18-30 e 36-48 meses –, mas parece que não contemplam os estágios do desenvolvimento preconizado por Piaget. Ao tratar do estágio sensório-motor, que abrange de 0 a 24 meses, Piaget subdivide-o em outros seis subestágios, que não coincidem com a faixa etária de nenhum dos pacotes.

Como o projeto conta com o apoio de profissionais da saúde e os pacotes podem ser entregues pelos agentes de saúde, imagina-se que essas divisões, além de contemplar os interesses de leitura da criança, devem estar de acordo com o calendário de consultas ou vacinas da criança, revelando uma política pública de prevenção da saúde aliada à promoção de leitura.

Muitas pesquisas já foram realizadas sobre esse projeto apresentando resultados significativos. O professor Barrie Wade e a Dra. Maggie Moore (1998), comprometidos em pesquisar os efeitos do compartilhamento precoce de livros com crianças em desenvolvimento, fizeram um **estudo observacional** no qual pais compartilhavam livros com seus filhos de 2 a 3 anos de idade. O estudo envolveu pais que participavam do projeto *Bookstart* e famílias que não pertenciam a ele. O resultado parcial da investigação de dois grupos de sujeitos – o grupo que participa do projeto, denominado de "grupo 1" (G1) e o que não participa do projeto, denominado de "grupo 2" (G2) – foi o seguinte:

> Consulte-se MOORE, Maggie; WADE, Barrie. *A gift for life:* Bookstart: the first five years. Disponível em: < http:www.bookstart.co.uk >. Acesso: 24 fev. 2008.

1) leem textos completos: 83% do G1 e 34% do G2;

2) falam sobre a história que leram: 64% do G1 e 24% do G2;

3) estimulam a criança a participar: 43% do G1 e 17% do G2;

4) encorajam a criança a fazer previsões: 68% do G1 e 38% do G2;

5) geralmente compram livros como presente para os filhos: 75% do G1 e 10% do G2;

6) levam seus filhos a uma biblioteca no mínimo uma vez por mês: 43% do G1 e 17% do G2.

O resultado da pesquisa mostra que o projeto qualificou a leitura entre os participantes no que diz respeito a leituras completas, a verbalização sobre o que se lê, à capacidade de prever o que vai ser lido, ao aumento de livros em casa e à frequência regular a uma biblioteca.

Além das pesquisas, dados divulgados por uma comissão governamental sobre os riscos de custo por parte do governo inglês a longo prazo, como resultado de uma alfabetização de baixo nível, podem acontecer em vários segmentos. O fracasso da alfabetização, por conseguinte, gera custos para o governo: no período escolar, quando a criança necessita de suporte especial, como aulas, reeducação e atendimento psicológico; no período produtivo, com perda de receitas e pagamento de benefícios; no social, com abusos, gravidez na adolescência e prisões; na saúde, com depressão e obesidade.

O resultado do fracasso na leitura e na aprendizagem nos primeiros anos escolares no Reino Unido, segundo publicações no *site* do projeto *Bookstart*, é um gasto para os cofres públicos, até a idade de 37 anos, de £44,797 / £53,098 por pessoa. Assim, a eficácia do projeto *Bookstart*, melhorando o nível de alfabetização entre crianças e, consequentemente, diminuindo futuros gastos, é um bom argumento para sua existência. O projeto completo do *Bookstart*, que inclui três pacotes e atende a crianças de 0 a 4 anos de idade, custa ao Estado £15 por criança. É um programa que está dando bons resultados no Reino Unido e já tem afiliados em vários países da Europa e de outros continentes.

O fato de um programa de leitura servir como modelo para a criação de outro que atenda às peculiaridades de um novo espaço cultural, comprova a importância da teoria da aprendizagem social de Bandura. A pesquisadora visitante, como aprendiz, observou o programa, aprendeu com ele e passou pelas etapas que, de acordo com Bandura, são necessárias para que alguém desempenhe o comportamento observado e aprendido: de atenção, retenção, reprodução e motivação. Ocorre, nesse caso, a preocupação em não desenvolver um mesmo programa, mas, a partir da motivação, outro novo com as devidas adequações. A aprendizagem observacional funcionou também com a pesquisadora.

Música para Bebês

A visita ao segundo projeto para observação, Música para Bebês, coordenado pela professora Esther Beyer, do Departamento de Música da Universidade Federal do Rio Grande do Sul, aconteceu no mês de junho de 2006. Fez-se uma rápida explanação sobre o trabalho realizado com as crianças paralelamente à oferta de material impresso sobre este e à permissão para assistir a um encontro com bebês.

A professora Beyer vem realizando pesquisas sobre o desenvolvimento musical com crianças de até 3 anos de idade desde 1988. Seus estudos a levaram a considerar os primeiros 2 anos de vida como de importância vital na formação dos processos cognitivo-musicais no indivíduo. **Na elaboração do projeto** Música para Bebês, a preocupação de Beyer foi pensar uma forma de trabalho que possibilitasse a aproximação de bebês num período anterior à entrada destes nas creches e em centros de educação infantil e de seus pais, de modo a integrá-los nas atividades de música que seriam realizadas.

Numa análise do material impresso recebido de Beyer, pôde-se constatar que, além dos teóricos na área da música, a pesquisadora buscou em Piaget o embasamento teórico relacionado à cognição. Por isso, nas referências bibliográficas de seus trabalhos, os livros de Piaget estão sempre presentes.

A atividade prática observada em junho de 2006 foi com o "Grupo C" de bebês, formado por crianças de 12 a 18 meses, que aconteceu numa sexta-feira, das 17 às 18

"Propusemos, então, o projeto Música para Bebês, como uma atividade de extensão da UFRGS, Departamento de Música, para grupos de 10 bebês, sendo o grupo A composto de crianças de 0 a 6 meses e o grupo B, de 6 a 12 meses à época da matrícula. Posteriormente, devido à demanda, passamos a atender 60 bebês, ampliando a faixa etária de atendimento até 24 meses (2 anos). As crianças vêm ao trabalho acompanhadas de suas mães ou alguém assumindo o papel de mãe (pai, tia, avó, babá etc.), sendo que o adulto fica em aula com a criança, interagindo com ela através de atividades propostas por nós. Os encontros se dão uma vez por semana, durante 1 hora, com cada grupo. Durante o encontro são realizadas várias atividades que fazem parte de uma rotina, considerada necessária aos bebês. Assim, entremeiam-se atividades de cantar, dançar, massagear e estimular a criança em vários sentidos. Há alguns momentos mais abertos na rotina, nos quais as mães participam, trazendo músicas que as crianças gostam e também comentando sobre a reverberação das aulas em casa, com a família." (Beyer, 2001, p. 2).

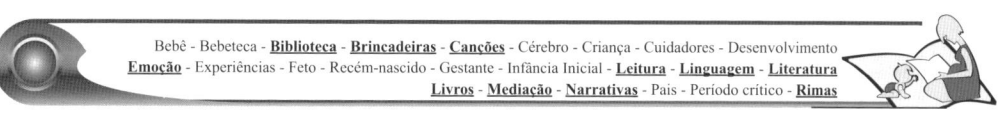

horas. Os bebês, que chegaram acompanhados, em sua maioria, por mães e cuidadoras, com exceção de um menino, que veio com o pai, sentaram-se em círculo, descalços, no centro da sala. A atividade iniciou-se com uma *canção de chegada,* composta pela professora Beyer, com a qual ela recebeu cada criança individualmente, citando o nome. Em seguida, todas passaram por uma rotina de atividades musicais envolvendo canções, danças, movimentos em círculo, manuseio de instrumentos musicais, movimentos corporais sobre uma bola e massagens no bebê realizadas pelos acompanhantes.

É importante frisar que todos os movimentos, com ou sem instrumentos, deveriam acompanhar o ritmo da música. Durante a massagem, feita com pequenas bolinhas de borracha, a professora orientava os acompanhantes a movimentar a bolinha por sobre o corpo da criança no ritmo da música.

Ao discutir a atividade descrita com base nas questões levantadas para esse fim, pode-se afirmar que todas as canções foram cuidadosamente escolhidas pela qualidade musical, letra e melodia adequada. Ricas em jogos de palavras e jogos sonoros, oportunizaram o desenvolvimento inicial da linguagem, da motricidade e da musicalidade na criança. Nessa atividade não foram utilizadas canções folclóricas.

Embora a faixa etária dos bebês corresponda ao estágio 5 do período sensório-motor de Piaget, que vai de 12 a 18 meses e que consiste, segundo ele, basicamente de reações circulares terciárias e da descoberta de novos meios por experimentação ativa. Todas as atividades desenvolvidas foram conduzidas pela professora e baseadas na interação bebê-cuidador.

A professora desenvolveu atividades com música sempre acompanhadas de algum objeto sonoro, o qual, manuseado pelas crianças, levava-as a experimentar ativamente novos sons. É uma reação inovadora pela repetição dos movimentos de forma variada, graduada e associada a um ritmo, visando, com isso, a uma compreensão dos resultados. A criança está buscando novidade e, ao mesmo tempo, sendo sensibilizada para a música.

Em contrapartida, outros fatores estão presentes nessa atividade e não podem ser desprezados. É um trabalho mediado por uma professora e por pais que servem de estímulos pelos vínculos existentes entre eles e pela modelagem, o que torna difícil afirmar que a aprendizagem está acontecendo pela manipulação de objetos, como preconiza Piaget. A criança foco deste estudo está sob a influência da interação com pessoas, que, segundo Vygotsky e Bandura, é responsável pelo aprendizado mediado.

Essa interação mãe-bebê é bastante valorizada por Beyer, que define a expressão "mãe" como o adulto responsável pelos cuidados do bebê. Baseada nas pesquisas de Klaus e Kennel, de 1992, que afirmam existirem inúmeros processos, especialmente nos primeiros dias de vida, que são ativados para aproximar a mãe ao bebê e o bebê à mãe, Beyer utiliza em suas aulas alguns elementos dessa **interação** que parecem intensificar esse vínculo.

"Alguns elementos dessa interação inicial permanecem por mais algum tempo: o toque, o contato olho a olho, a voz em tom agudo, o emparelhamento, a função de aguardar, o odor, o calor. Desta forma poderiam se utilizar esses elementos para intensificar o vínculo mãe-bebê nos encontros de 'Música para Bebês' resultando em maior aproveitamento das atividades de desenvolvimento musical." (2003, p. 96).

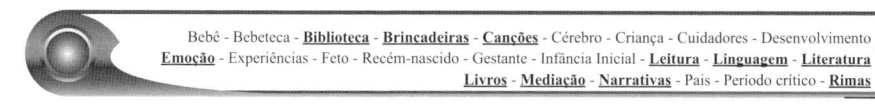

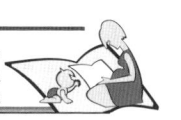

Além dessa teoria, que procura demonstrar como nasce o vínculo e o apego entre os pais e seus bebês recém-nascidos, outras podem justificar a importância das atividades observadas no projeto Música para Bebês. Como todas as atividades com os bebês foram realizadas com seus respectivos acompanhantes, baseadas na aprendizagem e numa interação afetiva, pode-se incluir outra perspectiva teórica para explicar o desenvolvimento musical ao qual estão expostos esses bebês: o socioconstrutivismo de Vygotsky e Luria (1996). A criança está *aprendendo* um novo comportamento, através de um *mediador*, utilizando *signos psicológicos* (signos que servem para desenvolver capacidades psicológicas como atenção, memória, abstração, pensamento ou fala), como chocalho, bola, música, voz da professora e gestos. A inteligência musical dessas crianças, assim como a motricidade, a coordenação e a afetividade, está se desenvolvendo a partir de *interações sociais com um mediador no meio cultural em que vivem.*

Algumas práticas apresentadas durante o encontro parecem comprovar essa afirmação. Como exemplo, o uso de chocalhos para acompanhar o ritmo da música representa uma "técnica cultural" capaz de desenvolver um funcionamento mental superior no indivíduo. As atividades com instrumentos artificiais, somadas a um ambiente impregnado de cultura (piano na sala e pautas musicais pintadas no quadro), possibilitam a expansão dos sentidos dos bebês.

Ainda segundo Vygotsky e Luria (1996, p. 158), "cada objeto visualmente percebido deixa um determinado pós-efeito sobre a criança", o que foi comprovado pelos pais quando relataram à professora Beyer que seus filhos lhes pediam em casa que cantassem as músicas aprendidas no encontro.

Finalizando, as atividades observadas durante o encontro de música comprovam essa teoria, cujo pressuposto é: o funcionamento mental superior no indivíduo provém de processos sociais e psicológicos que são moldados, fundamentalmente, por ferramentas sociais ou formas de mediação.

No papel de mediadora, a professora desempenhava os movimentos com as crianças e com os pais, servindo, portanto, de modelo – papel de modelador que o mediador de uma atividade como essa deve desempenhar. O segundo papel de um mediador em atividades com crianças é o de aproximador, que foi assumido pela professora quando escolheu e apresentou canções adequadas para as atividades com elas. Leigos em música, os pais veem sua tarefa de mediador facilitada; ouvem e aprendem a cantar canções que serão utilizadas em momentos musicais no âmbito familiar.

Numa atividade de incentivo à música baseada numa relação afetiva entre pais e bebês, é possível observar que tanto os bebês quanto os pais desenvolvem com esta atividade novas aprendizagens musicais. O ganho dos bebês, no entanto, é infinitamente maior: "ouvir Mozart na infância certamente ajuda a ouvir Mozart na idade adulta". (Graieb, 2007, p. 103). Afirmações como essas são comuns em publicações sobre desenvolvimento do cérebro infantil, baseadas em pesquisas neurológicas. A psicologia e a neurologia, associadas às teorias musicais e literárias, fornecem a este estudo investigativo a fundamentação necessária para se acreditar em programas de incentivo à leitura na infância inicial como desencadeante de futuros comportamentos de leitura.

A observação relatada a seguir procura mostrar atividades de leitura numa creche na cidade de Passo Fundo (RS) e teve como objetivo estudar práticas de leitura desenvolvidas com crianças a partir do nascimento. A creche atende a filhos de funcionários de uma instituição privada na jornada de trabalho dos pais.

Leitura na creche

As observações dessa fase foram realizadas numa creche pertencente a uma instituição privada situada no centro da cidade de Passo Fundo, que atende em turno integral, das 6h15min às 20h5min, com o objetivo de dar assistência aos filhos de funcionários durante suas jornadas de trabalho, independentemente de cargo, função ou setor.

Oriundas de diferentes bairros e vilas da cidade, as crianças que frequentam a creche formam um grupo culturalmente heterogêneo, que é dividido, de acordo com a idade, em dois grupos de berçário e sete grupos de maternal. A creche possui 18 atendentes, chamadas de "tias", das quais apenas duas não cursaram magistério. Estas têm total liberdade na elaboração das atividades, aplicadas de acordo com a faixa etária das crianças e com a orientação da diretora, com o objetivo de "ampliar e aperfeiçoar os conhecimentos das crianças, ou seja, educar e não só cuidar". O grupo de atendentes também recebe treinamento mensal para o aperfeiçoamento de sua formação e para que percebam o importante papel que exercem na educação e na formação das crianças.

As ações de leitura observadas foram escolhidas e preparadas pelas professoras da creche sem a interferência da pesquisadora, pois informou que apenas desejava conhecer o trabalho realizado com crianças e solicitou permissão para a filmagem das atividades. Para não ter problemas futuros, pediu a ajuda de uma advogada para redigir o termo de permissão, que foi entregue aos pais e professores da creche.

Entre os nove grupos de crianças da creche, a escolha recaiu sobre o grupo denominado Maternal I, formado por crianças de

1 ano e meio a 2 anos e 2 meses, por corresponder à idade aproximada dos bebês da turma observada no projeto Música para Bebês e das crianças das atividades observadas no projeto *Bookstart*.

As atividades de leitura realizadas com a turma de Maternal I aconteceram todas as sextas-feiras, das 9h às 9h15min, de 1º de dezembro de 2006 a 5 de janeiro de 2007, o que, em razão dos feriados, resultou em quatro observações, devidamente registradas.

Todas as atividades aconteceram na própria sala de aula e foram filmadas. O espaço físico é amplo e simples; sem muitos recursos visuais, conta com um aparelho de CD, um armário baixo e um grande colchonete de espuma fina, ocupando aproximadamente 70% da sala, sobre o qual todas as atividades foram realizadas. A professora titular, aqui nomeada como professora "T", aplicou as atividades na primeira e segunda observação e, por motivo de saúde, foi substituída na terceira e quarta observações por outras duas professoras, "S1" e "S2".

Primeira observação

A atividade começou com os bebês sentados em círculo e a professora "T" distribuindo livros de diferentes histórias, que passaram a ser manuseados pelas crianças. A partir do balbucio de uma criança como resposta ao recebimento do livro, ela começou a interação fazendo algumas perguntas sobre o que eles estavam vendo e propôs-lhes contar uma história. Mostrou o livro

Os Três Porquinhos e iniciou a história. Cinco das 12 crianças pareciam prestar atenção; as demais interagiam entre elas ou com a câmera. Embora a proposta inicial fosse observar uma atividade habitual de narração de história, sabe-se que a presença da observadora e do filmador podem ter alterado a rotina e o comportamento dos bebês. Durante o ato de contar história, que teve a participação visual e oral de algumas crianças, as demais observavam as imagens do livro que tinham nas mãos, que não correspondia à história que a professora contava. Essas imagens levavam as crianças a perguntar pelo animal que estavam visualizando, não pelos animais da história, no caso, o Lobo e os Porquinhos.

Um menino, que mais interagiu com a professora, perguntava pelas imagens que visualizava no livro da colega, as quais chamavam mais a sua atenção do que a história que estava sendo contada.

Outro aspecto observado foi a simplificação da história por parte da professora, que a contou sem detalhes, sem alterar o tom de voz, nem imitar os sons do sopro e da voz do lobo. Ao final da história, ela começou a recolher os livros sem propiciar um manuseio maior nem incentivar os bebês a verbalizarem o que tinham ouvido. Depois, ela convidou todos para que se levantassem rapidamente com o intuito de ouvir uma música até que a merenda fosse servida.

A atividade teve uma duração total de 12 minutos, dos quais 4 minutos foram de narração oral de história com algumas interações com as crianças; 3 minutos foram de interação forçada por uma criança que não queria devolver o livro e os 5 minutos restantes foram ocupados para ouvir canções que não tinham nenhuma ligação com a atividade de leitura proposta inicialmente.

Bebê - Bebeteca - **Biblioteca** - **Brincadeiras** - **Canções** - Cérebro - Criança - Cuidadores - Desenvolvimento - **Emoção** - Experiências - Feto - Recém-nascido - Gestante - Infância Inicial - **Leitura** - **Linguagem** - **Literatura** - **Livros** - **Mediação** - **Narrativas** - Pais - Período crítico - **Rimas**

Em resposta à primeira questão levantada para fomentar a abordagem dessa observação, a professora utilizou livros de literatura infantil para o desenvolvimento da atividade. No entanto, eram livros diferentes, ou seja, ela contava a história dos Três Porquinhos, para as crianças, ao passo que estas olhavam livros de outras histórias, envolvendo outros animais, provocando uma dispersão da atenção. Essa falta de relação entre a imagem e a palavra, além de prejudicar a interação entre o contador e o ouvinte, pode influenciar negativamente em funções significativas que a leitura deve e pode exercer sobre o desenvolvimento da criança.

De acordo com Vygotsky e Luria (1996, p. 184), sabe-se que técnicas culturais são capazes de desenvolver funções especiais, como a memória, a atenção, a abstração, a fala e o pensamento; cada uma dessas funções evolui de uma função natural para uma função artificial, produzida culturalmente por meio de estímulos, que podem ser, por exemplo, gestos significativos, palavras ou imagens. No entanto, para que isso aconteça, é fundamental que os signos utilizados sejam adequados, o que não aconteceu nessa atividade, uma vez que, enquanto ouviam sobre "porquinhos", as crianças visualizavam outros animais em seus livros.

Por sua vez, a canção proposta, que também pode ser uma técnica cultural utilizada para estimular a memorização das palavras ouvidas em narrativas de história, bem como o desenvolvimento da afetividade, da motricidade e da fala, não funcionou como tal nessa atividade. Era uma música produzida para o entretenimento de massas, fora do contexto e foi tocada sem o objetivo de sensibilizar, apenas para passar o tempo enquanto a professora distribuía a merenda.

No que diz respeito às quatro dimensões do processo de leitura defendidas por Jouve

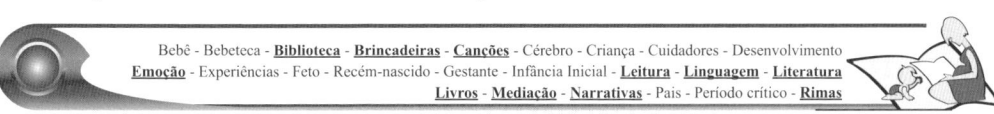

(2002) – neurofisiológica, cognitiva, afetiva e simbólica –, essas não aconteceram. Embora os processos neurofisiológicos como audição, visão e tato tenham sido envolvidos, a dimensão cognitiva, que leva a criança a converter grupos de palavras ouvidas em elementos de significação, não aconteceu. As crianças verbalizavam sobre as imagens que viam, não sobre as palavras que ouviam. A ausência da dimensão cognitiva implicou a ausência das outras dimensões e do ato de ler como um processo capaz de estimular uma criança em várias dimensões.

Para Jouve (2002, p. 30), "desde que uma obra seja minimamente construída, a releitura não é apenas desejável: é necessária." A fábula dos Três Porquinhos permite várias leituras e em cada uma a criança vai compreender aspectos diferentes da narrativa. No entanto, a simplificação da história por parte da professora, tirando-lhe detalhes, sem alterar o tom de voz nem imitar os sons do sopro e da voz do lobo, pode ter contribuído para o desinteresse da maioria das crianças e, consequentemente, para o não desenvolvimento do gosto pela literatura.

A plasticidade do cérebro permite que o mesmo seja moldado pelas experiências desde o nascimento. Recentes experiências com máquinas de neuroimagem, que permitiram avaliar quantitativamente sensações como dor, felicidade e prazer, permitiram entender que a atividade numa região do cérebro é proporcional à intensidade da experiência. Logo, a exposição precose à literatura, de alguma forma, modifica o cérebro da criança, o que fará grande diferença num aprendizado futuro.

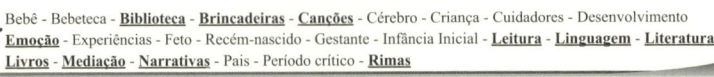

Para que isso aconteça, no entanto, a fala da contadora de histórias deve ter ritmo, o qual transmitirá emoções, que poderão provocar circuitos que relacionem a literatura às experiências emocionais e, consequentemente, alterar conexões cerebrais. As emoções provocadas nos leitores deveriam, segundo Jouve (2002, p.19), levá-los a se identificarem com os personagens, a querer saber o que lhes acontece ou prever algum acontecimento, uma vez que a história contada provavelmente não estava sendo ouvida pela primeira vez pelas crianças.

A importância do mediador, defendida por Cerrillo Torremocha (2002), cujas ações envolvendo o bebê, o livro e a leitura resultam em comportamentos de leitura, precisa ser esclarecida para a comunidade escolar. Só assim é possível ter mediadores que desempenhem o papel de aproximadores e modeladores, capazes de modificar e criar comportamentos que levem à transformação da criança em leitora precoce e sensibilizada.

A sensibilização da criança para a música, a literatura e as demais artes na infância inicial permitirá que, quando exposta futuramente a essas artes, ela tenha um tipo de aprendizagem diferente daquelas que nunca vivenciaram a experiência.

Segunda observação

As atividades começaram com sete crianças sentadas no penico. A professora "T" explicou, como havia sido pedido que nada fosse alterado em razão da observação, por que ela resolveu respeitar o relógio biológico de algumas crianças. Isso permitiu que sete delas usassem o penico em sala de aula, enquanto as demais iniciaram a atividade de leitura.

Naquele momento, tocava um CD com a música "Vamos brincar", da cantora **Xuxa**, e a professora atendia às crianças.

> Apresentadora de televisão, atriz e cantora de programas, filmes e musicas infantis, é conhecida também por "Rainha dos Baixinhos". É considerada a artista feminina que mais vendeu discos no Brasil; seus últimos CDs e DVDs, *Só para baixinhos,* lhe renderam o disco de platina.

Em seguida, com as crianças em pé na sala, foi colocada no aparelho uma nova música, "A dança do piu-piu", pela mesma cantora. A professora dançou movimentando o corpo para os lados, mas não vocalizou; algumas crianças a imitaram, mexendo o corpo e direcionando o olhar para os pés dela, enquanto outras moviam partes do corpo no ritmo da música. Uma criança permaneceu deitada no chão durante toda a atividade.

No momento posterior, a professora desligou o aparelho de som e convidou as crianças para brincar de roda, chamando alguns nominalmente para fazerem parte desta. Enquanto tentava caminhar em círculo com elas, cantava e era acompanhada por três crianças que vocalizavam sílabas da música. Sentados no chão, a música "Dona Aranha" foi cantada pela professora e reforçada com gestos de mãos e braços que imitavam uma aranha subindo numa parede; todas as crianças a imitaram fazendo algum tipo de gesto, e uma criança interagiu vocalizando.

Na canção seguinte, "De barriga verde sentindo frio, não era sapo, nem perereca...", ela interagiu rapidamente com um menino. "Botei meu sapatinho na janela do quintal..." foi o verso seguinte que a professora cantou, utilizando gestos que lembravam os de um "maestro" regendo uma orquestra. Ao final da canção, ela conversou com uma menina sobre o presente de Natal, obtendo dela pequenas vocalizações.

A canção seguinte pareceu ser sugestão de uma criança, que ao vocalizar pronunciou a sílaba "oi", à qual a professora reagiu rapidamente cantando a canção "Boi da cara-preta". A criança que solicitara a música participou várias vezes, bem como as demais. Vocalizações e movimentos corporais, acompanhados do gesto de bater palmas, foram intensificados.

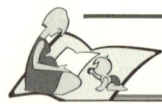

A professora trocou de canção, iniciando a canção "Poti, poti...", que provocou a repetição das últimas sílabas por parte das crianças. A pedido de uma criança, ela repetiu a música "Boi da cara-preta", que estimulou a atenção geral e a repetição dos movimentos anteriores. Apesar da interação das crianças, a música rapidamente foi trocada por "Mãezinha do céu". A professora utilizou o mesmo gesto de apontar, nesse momento direcionado para o céu, que foi imitado por algumas crianças. A palavra "céu" foi repetida por algumas na forma "éu" e um menino posicionou as mãos como se fosse rezar. A repetição da música desencadeou a repetição dos gestos feitos anteriormente.

A canção "Palma, palma, palma", com o final modificado para "nossa creche alegre é", acompanhada do ato de bater palmas pela professora e por algumas crianças, também levou as crianças a bater os pés e encerrou a ação de leitura, que foi composta de dez atividades diferentes aplicadas num período de, aproximadamente, 12 minutos. Cada atividade, portanto, durou pouco mais de 1 minuto.

Foi uma atividade rítmica envolvendo dois tipos de canções: de entretenimento de massas e folclóricas. Nas primeiras atividades, cuja proposta foi dançar ao som de músicas da Xuxa, reproduzidas num aparelho de som, observou-se que a maioria das crianças não estava participando da atividade proposta, e, sim, distraindo-se com os brinquedos que manuseavam ou permanecendo deitadas no chão. Somente cinco crianças dançaram e fizeram movimentos corporais acompanhando o ritmo da música.

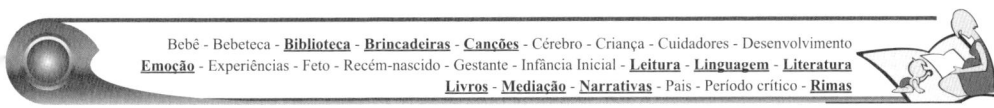

Foi uma atividade sem nenhum tipo de interação entre a professora e as crianças, uma vez que ela não utilizou signos verbais para chamar a atenção delas em nenhum momento. O comportamento da professora, que poderia ter servido como modelo para uma aprendizagem motora, no caso movimentar-se de acordo com o ritmo da música, foi observado apenas por duas crianças e num curtíssimo espaço de tempo.

Nas atividades seguintes, sem o uso de CDs, a professora cantou as canções; então, observaram-se mais interações por parte das crianças. Embora a brincadeira de roda, realizada sobre um colchão fino de espuma, tenha durado pouco tempo, porque o colchão parecia dificultar o equilíbrio do grupo, as atividades seguintes, realizadas com as crianças em pé, paradas, sobre o mesmo colchão, incentivando a execução de movimentos corporais, desencadearam mais respostas por parte delas, parecendo ter havido um aprendizado baseado na modelagem.

Em seguida, com as crianças sentadas em forma de um círculo, foram cantadas canções folclóricas, reforçadas por gestos, que pareceram motivá-las ainda mais. As canções "Boi da cara-preta", "Mãezinha do céu" e "Palmas, palmas, palmas" foram cantadas, repetidas e acompanhadas pelas crianças com muitas palmas e movimentos corporais. Essas canções, culturalmente ricas com influências portuguesa, indígena e africana, com capacidade de desenvolver a motricidade, por serem fáceis de cantar e agradarem as crianças nessa idade, estimularam-nas de forma significativa.

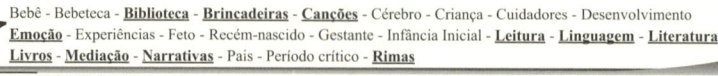

A professora utilizou palavras e gestos como signos que estimularam as crianças a cantar e a se movimentar após observá-la. O movimento de bater palmas exige coordenação e está associado ao ritmo, porém algumas crianças ainda não o faziam de forma ritmada. Estas se encontravam na "zona de desenvolvimento proximal" (Vygotsky e Luria, 1996), ou seja, a criança encontra-se entre um desenvolvimento potencial, o comportamento de bater palmas que ela já desempenha, e um que ainda não possui, que é o de bater palmas no ritmo da música, mas que é capaz de desempenhar com auxílio de alguém mais experiente. Isso, contudo, não aconteceu por falta de estímulos da mediadora.

Numa atividade de leitura que vise desenvolver novos comportamentos, a presença de um mediador, segundo Cerrillo Torremocha (2002), é indispensável. Consciente de seu papel, ele vai oportunizar o desenvolvimento da criança ao facilitar a aproximação dela às músicas de qualidade e planejar as atividades de modo que sirvam de modelo, o que não aconteceu.

A relação entre a professora e as crianças apresentou alguns elementos de ligação importantes, como sorrisos, olhares e demonstrações de aconchego por parte de algumas crianças. Por parte da professora, a relação pareceu ser mais de trabalho: ela estava ali para cumprir uma tarefa, que, no caso, era atender às crianças durante o período de permanência na creche. Realizou atividades não sequenciais, sem muita ligação, parecendo ter sido improvisadas para passar o tempo, não para educar. Para Maturana (1998), ações desse tipo não passam de encontros seguidos de separações e que, por isso, não deixam marcas duradouras.

Terceira observação

Houve uma troca de professora e a substituta elegeu um local diferente da sala para fazer a atividade. As crianças sentaram-se em semicírculos diante dela e bem próximas; então, ela iniciou a atividade com um livro que contava a história de um gatinho, demostrou-lhes as imagens da capa e falou sobre elas. A professora "S1" falava alto, tinha boa expressão facial e boa modulação de voz; os alunos pareciam atentos e interessados, acompanhando a narração da história. Ela contou toda a história interagindo com eles; perguntava e recebia respostas, obtendo muita participação do grupo. Também chamou a atenção para detalhes importantes do desenho quando, por exemplo, mostrou o tope como indicativo para identificar o sexo do animal.

Saiu do texto quando deu um nome para a gatinha e imitou o miado da gata várias vezes para chamar a atenção das crianças. Terminada a narração da história, ela distribuiu livros sobre diferentes animais para todos; a cada livro que entregava, chamava o nome do aluno e dizia o nome do animalzinho. Deixou-os à vontade para olharem os livros, porém sempre os estimulando com perguntas sobre o que viam ou sugerindo que virassem a página.

A atividade durou, aproximadamente, 2 minutos, quando a professora a interrompeu para convidá-los a cantar a canção "Não atirei um pau no gato". Terminada a melodia, ela voltou a estimular o manuseio dos livros, chamando a atenção das crianças, interagindo um pouco com aquelas que solicitavam sua atenção; estimulou a troca e o compartilhamento dos livros. Depois, recolheu os livros, sempre explicando que iria guardá-los. Encerrou a atividade de leitura convidando-os para um joguinho e explicando que já haviam ouvido uma história, já haviam cantado uma música, então, agora, era hora de brincar.

A professora, de acordo com Cerrillo Torremocha, Larrañaga e Yubero (2002), desempenhou todos os papéis de uma boa mediadora: selecionou livros de literatura adequados às crianças envolvidas na atividade de leitura; incentivou a leitura; percebeu os interesses das crianças e, ao final da atividade, ofertou-lhes uma multiplicidade de livros. No que diz respeito à escolha da versão ecológica da canção "Atirei o pau no gato", representa uma imposição direcionada que descaracteriza a melodia como folclórica. A canção original é folclórica, representa o saber de uma sociedade de outro tempo e espaço e, por isso, é importante e deve ser respeitada.

Ao criar um ambiente diferente, alegre, tranquilo e sempre revestido de um caráter positivo dentro da sala usada diariamente, o encontro com o livro transformou-se num ato de ler revestido de certa grandeza. Foi uma história curta, como deve ser para uma criança dessa faixa etária, com muita interação através de questionamentos, seguidos de pausas, que estimulavam a verbalização dos bebês e a sua participação na história, com a descoberta do sexo do animal pela observação do tope na cabeça e da escolha de um nome para a gatinha.

A professora utilizou o livro como um signo para estimular a percepção visual, tátil, a atenção, a memória e a linguagem, que, de acordo com as ideias defendidas por Vygotsky e Luria (1996), são técnicas culturais importantes para o desenvolvimento da criança. Todas as crianças olharam para o livro durante a atividade, cujas imagens correspondiam ao que estava sendo narrado.

O comportamento dessa professora em relação às crianças lembrava o de uma mãe: afetivo, carinhoso, oferecendo colo e tocando-as sempre que possível. Esse tipo de cuidado é responsável pelos laços afetivos que permitem o desenvolvimento adequado da criança. Uma relação previsível, calorosa e afetiva é responsável pelo desenvolvimento saudável da personalidade da criança, além de dar-lhe segurança para fazer explorações importantes.

Esse comportamento também desencadeou uma aprendizagem pela modelagem, uma vez que o próprio modelo, de acordo com Bandura (1977), pode servir de motivação para o desempenho do comportamento observado. Um modelo com o qual a criança se identifique serve de reforço positivo para o desempenho. A distribuição de livros, ao final da atividade, com a finalidade de deixar a criança fazer experimentações ativas com um objeto, contempla a teoria do desenvolvimento de Piaget (1987), uma vez que essa interação vai agilizar o processo de desenvolvimento da criança.

O ato de ler como um processo que, segundo Jouve (2002), envolve várias dimensões, aconteceu na sua totalidade quando a professora oportunizou estímulos neurofisiológicos; fez pausas após pequenos grupos de palavras, como que para permitir o entendimento por parte das crianças; ao final de cada página apresentada, perguntava o que encontrariam na página seguinte; envolveu afetivamente as crianças quando as atraiu para o livro, fazendo com que elas extraíssem experiências para si e concordassem, ou não, com os argumentos do texto para entender que o personagem era uma gata. A leitura teve, pois, um papel simbólico ao influenciar o contexto cultural da criança.

A distribuição de diferentes livros como encerramento da atividade serviu de motivação para outras leituras. As crianças visualizaram imagens de diversos animais, que podem servir como ponto de partida para novas histórias. A atividade teve início, meio e fim, sendo reforçada com explicações para as crianças sobre as diferentes etapas da atividade de leitura que estava sendo concluída e estimulando-as a outras brincadeiras.

Quarta observação

A professora "S2" explicou que havia planejado uma atividade que as crianças "adoravam": manusear revistas velhas. A atividade começou com as crianças sentadas no chão, cada uma com uma revista no colo ou sobre o colchão, entre as pernas. Algumas verbalizavam sobre as imagens visualizadas nas páginas das publicações. A professora, no entanto, não falava com nenhuma delas.

A maioria dos pequenos não prestava atenção às revistas e ficava olhando para a câmera e para a observadora no fundo da sala. Ouviu-se, então, a vocalização de uma criança, que parecia dizer:

– Oh, oh eu oh! Oh! Eu, oh! Eu! É eu, oh!

A criança ficou repetindo essa fala olhando para a câmera, sem receber a atenção da mediadora.

Quando uma criança se levantou sem a revista, a professora ajoelhou-se, deu-lhe uma nova e passou a estimulá-la, folheando a publicação da esquerda para a direita. Conversou com algumas crianças, mas em tom tão baixo que impossibilitou o entendimento do que era dito. O movimento de abaixar-se estimulou outras quatro crianças a se aproximar dela e mostrar suas revistas, e as crianças, em resposta, obtiveram uma verbalização baixa e impossível de ser registrada. Sem a interferência clara da professora, ficou difícil entender o que as crianças estavam vocalizando. Elas continuavam a proferir palavras que pareciam se referir a imagens das revistas que folheavam, porém difíceis de entender ou de reproduzir.

A professora circulou pela sala, ora limpando o nariz de uma criança, ora de outra. As crianças continuavam vocalizando cada vez mais alto; algumas rasgaram as folhas das revistas, e uma parecia imitar o som de um automóvel. Então, a mediadora finalizou a observação desligando a câmera, ao considerar que já havia observado o suficiente.

Mesmo que a atividade de manusear revistas para adultos pareça pouco produtiva quando se trata de atividade de leitura, uma intervenção adequada do mediador pode ter resultado numa interação interessante para o desenvolvimento da linguagem, o que, no entanto, não aconteceu. A impressão que se teve é a de que a atividade foi pensada de última hora, sem planejamento – o que pode ter acontecido porque a professora estava substituindo a efetiva, que estava adoentada –, e que a substituta, talvez por falta de entendimento sobre a proposta inicial da pesquisadora, ou por desconhecer a importância da mediação em atividades de leitura, propôs uma atividade inadequada para a observação.

Em relação às quatro observações efetuadas na creche, cujo objetivo era conhecer como ações de leitura estão sendo conduzidas com crianças na infância inicial, constatou-se que a terceira atividade desenvolvida foi interessante, significativa e, certamente, contribuiu para o desenvolvimento das crianças que dela participaram. Isso representa que somente uma das quatro atividades foi bem-sucedida, no sentido de levar as crianças a modificarem ou aprenderem um novo comportamento de leitura.

Entretanto, a aprendizagem de um novo comportamento pela observação exige reforços para que a criança passe a desempenhá-lo, o que não aconteceu durante o período da observação. Segundo Bandura (1977), em sua teoria da aprendizagem, um comportamento pode surgir ou ser afetado de três maneiras: por fatores biológicos, por propensões herdadas e, sobretudo, pelo ambiente através da aprendizagem observacional. Essa aprendizagem, de acordo com o autor, está baseada em três proposições: o reforço que fortalece o comportamento; o reforço parcial ajuda a estabelecer um comportamento mais eficaz e mais resistente à extinção e a modelagem é responsável por grande parte dos comportamentos infantis.

No que diz respeito ao reforço, a turma de Maternal I, durante o período em que foi observada, não recebeu nenhum tipo de reforço, o que pode ter acontecido pelo fato de a professora "T", responsável pela turma, ter adoecido e ter sido substituída por outras professoras, "S1" e "S 2". Além disso, é uma instituição que, segundo sua diretora, por meio de mensagem eletrônica enviada, ainda não possui uma **proposta político-pedagógica** e onde nem todas as atendentes elaboram um plano de aula.

Por outro lado, as substituições permitiram a observação de diferentes mediadoras promovendo animações de leitura no mesmo grupo de crianças, o que muito contribuiu para o estudo investigativo.

A mediação é, sem dúvida, uma das peças-chave em qualquer atividade de incentivo à leitura na infância. Na primeira substituição, que aconteceu na terceira atividade observada, a professora "S1" demonstrou ter um entendimento básico do seu papel como mediadora, observando-se a postura defendida por Cerrillo Torremocha, Larranaga e Yubero (2002) no processo de mediação, à medida que ela escolheu um livro adequado aos interesses das crianças, transformou a atividade num momento divertido e compartilhou o livro e a história com elas. Assim, manteve a sua atenção e seu interesse durante toda a atividade.

"Quanto à documentação de orientação para as práticas educativas desenvolvidas, observa-se que a creche [...] não possui P.P.P., entretanto a direção apresenta interesse em fazê-lo, entretanto, até o presente momento, nada foi produzido. Enquanto aguarda a realização de sua proposta pedagógica a creche direciona as atividades e trabalhos dedicada exclusivamente à clientela, ou seja, às crianças filhos de pais funcionários desta instituição, tendo como ponto de referência a abordagem dos saberes dos PCN e as diretrizes oriundas das Leis da Secretaria Municipal de Educação. [...] Quanto à prática das 'tias', como são chamadas nas creches, há total liberdade na elaboração de atividades, ainda não há um planejamento ou um plano de aula desenvolvido por elas, mas já foram feitos encaminhamentos e orientações para a elaboração de atividades planejadas, no momento a maioria já faz uso de diário para planejar e registrar as atividades."

A frequência à creche não corresponde à situação de um estacionamento de carros, ali colocados por questões de segurança. Toda atividade na creche deve promover aprendizagem, estimulando novos comportamentos pela apropriação de conteúdos.

As três mediadoras tinham a mesma formação – magistério –, mas a mediadora da terceira atividade relatada, além de desempenhar os papéis de um bom mediador, assumiu uma postura muito semelhante à da figura materna. Ao se sentar próxima das crianças, manteve contato físico com todas que se aproximaram dela; manteve contato visual ao estabelecer uma relação olho no olho com cada uma delas; manteve contato verbal quando, além de narrar a história, questionou as crianças, saiu da história para pedir ajuda na escolha de um nome à gatinha, para o que sussurrou e usou uma voz infantilizada – "biita" em vez de "bonita" –, imitando a criança na sua fala.

Klaus e Klaus (2001) afirmam que, desde o nascimento, o bebê gosta da proximidade com o adulto e do calor que emana de seu corpo; assim, o toque e a massagem ativam respostas fisiológicas e emocionais e aumenta o conforto e o crescimento do bebê. Para os autores, o rosto funciona como um espelho que permite ao bebê imitar seu cuidador e, no que diz respeito à audição, a partir dos 6 meses de idade, ele prefere a fala humana à mecanizada.

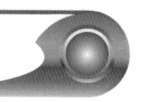

A terceira observação na creche constatou uma mediadora cujo comportamento se assemelhou muito ao observado nos mediadores da atividade do projeto Música para Bebês. Tal situação permite divulgar que projetos envolvendo pais e bebês, na área da música, já estão acontecendo no Rio Grande do Sul, com publicações que têm contribuído para o aperfeiçoamento em várias áreas do conhecimento.

Essa atividade também em muito se assemelhou às observadas em Londres, no projeto *Bookstart*, voltado ao incentivo à leitura para bebês acompanhados de seus pais, que vem sendo desenvolvido desde 1992. Seu tempo de existência permitiu pesquisas na área do ensino e da saúde, com resultados positivos, como os descritos nesta investigação.

Assim, a descrição e a análise dos dois projetos que envolvem bebês – *Bookstart* e Música para Bebês – associadas a uma atividade significativa de leitura observada na creche, cumprem o propósito de divulgar e reforçar a importância de atividades planejadas de leitura envolvendo oralidade, canções, histórias adequadas ao interesse das crianças, afetividade, signos variados durante a interação e mediadores que possuam vínculo afetivo com o bebê. Além disso, servirão de inspiração para uma proposta de programa de leitura, alvo do trabalho.

PROPONDO UM PROGRAMA DE LEITURA

"[...] os genes podem exercer um papel importante no desenvolvimento linguístico, na precisão gramatical, no vocabulário e na memória, mas estão longe de constituir toda a história. O que mais importa é como e quanto as mães e os pais falam e leem para as crianças desde o primeiro dia."

Diane McGuiness

Conscientes de como acontece o desenvolvimento da criança nas várias áreas do conhecimento, de que esse desenvolvimento é muito significativo nos três primeiros anos de vida – período que pode determinar o adulto que essa criança será no futuro –, uma ação de leitura, para que seja eficaz e duradoura, deve propor atividades que proporcionem a formação de comportamentos de leitura a partir da infância inicial.

Muitos comportamentos surgem de experiências vivenciadas na interação entre a criança e seus pares, porém necessitam de reforço frequente e contínuo para que sejam desempenhados e se tornem permanentes. Portanto, essa ação de leitura se baseia nas interações da criança com os pais a partir da gravidez e, em seguida, com os cuidadores até os 3 anos de idade, porque a leitura na infância inicial influencia o desenvolvimento e a formação da personalidade, da inteligência, do cérebro, do vínculo afetivo e dos comportamentos.

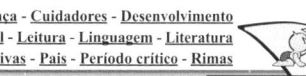

Ler para a criança é uma forma lúdica de educar e estimular dimensões neurofisiológicas, cognitivas, afetivas e simbólicas, permitindo a socialização, o contato com diferentes culturas e promovendo a independência da criança. Além desses motivos, uma ação de leitura abrangendo os pais envolve emoção, não somente a razão. Essa emoção define o tipo de ação, o valor do que é dito e a respeitabilidade do que é feito. Segundo Maturana (1998, p. 22), essa emoção se chama "amor", é esse sentimento incondicional entre mãe e filho que deve estabelecer uma ação de leitura com bebês e torná-la possível. Considerada a única emoção capaz de aceitar o outro de maneira incondicional, de reforçar e ampliar interações sociais, o amor torna-se a emoção fundadora das ações de promoção de leitura na infância inicial, sem a qual qualquer ação nessa área não passará de um encontro casual seguido de uma separação.

O que deve levar os pais a promoverem ações de leitura para seus filhos é o amor que sentem por eles e a certeza de que essas ações reforçam o vínculo afetivo e contribuem para o desenvolvimento intelectual, cultural e social da criança. Ações de incentivo à leitura, com o objetivo de desenvolver comportamentos de leitura na criança, devem aproximar pais e filhos de livros, livrarias e bibliotecas e capacitar os pais para desempenhar a tarefa de mediadores dessas ações. Com isso, é possível transformar crianças em leitores precoces com sensibilidade plena e permanente.

Propõe-se, então, uma ação de incentivo à leitura que se inicie com a conscientização da gestante e que tenha continuidade com atividades envolvendo pais, cuidadores e seus bebês durante os 3 primeiros anos de vida. Para isso deve ser um programa educacional – não paternalista – vinculado a programas de promoção da saúde e que envolva, preferencialmente, crianças que vivem em condições desfavoráveis, atuando, assim, como um instrumento capaz de amenizar as desigualdades sociais.

A porta de entrada de um programa de incentivo à leitura no Brasil são os programas de saúde governamentais. As ações de saúde no país foram municipalizadas pelo governo federal, que repassa verbas e orientações para que os municípios as implementem. Por intermédio do Ministério da Saúde, orientações sobre formação de grupos específicos que trabalhem na prevenção da saúde são repassadas aos municípios que aderem à proposta governamental. No município de Passo Fundo, o Núcleo de Saúde da Mulher capacitou as Unidades Básicas de Saúde (UBS), através do Incentivo da Unidade Básica Amiga da Amamentação (Iubaam), para assumir o atendimento aos grupos de gestantes sugeridos pelo Programa de Planejamento Familiar do governo federal, que se subdivide em atividades diferentes conforme o bairro de atuação.

Grupo de gestantes, grupo de sala de espera e curso de gestante são as três atividades existentes nesse município. Nelas são palestrantes enfermeiros, psicólogos, nutricionistas, fisioterapeutas, médicos e dentistas que trabalham no programa, ou profissionais especialmente convidados.

As ações com os grupos de gestantes envolvem um atendimento pré-natal, que começa com o agendamento de consultas – mínimo de quatro – e tem continuidade com reuniões semanais de um turno, as quais acontecem na unidade de saúde do bairro ou no salão paroquial. Os encontros são organizados pela enfermeira coordenadora da unidade, com o objetivo de discutir questões sobre a gestação, os filhos e a amamentação, entre outras. Na impossibilidade de reunir uma ou mais gestantes por grupo, existe a "busca ativa" – a equipe vai buscar a grávida em casa, procurando garantir a participação e o acompanhamento de todas as gestantes que são atendidas por programas de saúde governamentais.

Também existe um programa específico ao recém-nascido. O município de Passo Fundo optou por aderir ao programa do governo estadual Criança Viva Feliz, que se inicia com uma visita hospitalar a todas as crianças, independentemente da condição econômica ou social. Na ocasião são repassadas orientações para a mãe relacionadas à higiene e estimulação do bebê, aleitamento materno, vacinas, teste do pezinho e orelhinha, agendamento de consulta puerperal e pediátrica mensal. Também é feita uma triagem de acordo com os fatores de risco de morte do bebê, que são: peso de nascimento igual ou inferior a 2.500 gramas; idade gestacional igual ou inferior a 36 semanas; parto domiciliar; mãe sem instrução ou com menos de quatro anos de estudo; mãe com dois ou mais filhos vivos; mãe com dois ou mais filhos tidos mortos; mãe adolescente (menor de 20); mãe com mais de 35 anos e mãe com pré-natal incompleto.

Se constatado que a criança corre risco de morte por um ou mais desses fatores, o atendimento médico é mensal e são incluídas visitas domiciliares a ela, realizadas por uma técnica de enfermagem. Os hospitais do município também participam do projeto encaminhando à Secretaria de Saúde a ficha dos bebês que nascem aos domingos e feriados, uma vez que o programa funciona de segunda a sábado; se os hospitais não notificassem os nascimentos que acontecem aos domingos, esses bebês ficariam excluídos do **programa**.

Na alta hospitalar a mãe recebe a Caderneta de Saúde da Criança, elaborada pelo Ministério da Saúde, distribuída a todas as crianças brasileiras, independentemente de utilizar ou não o Sistema Único de Saúde (SUS). Nesse documento, médicos e demais profissionais da saúde registram informações importantes sobre a saúde da mãe durante a gravidez, o parto, o puerpério, o recém-nascido e as datas das vacinas, segundo o calendário básico de vacinação. Contém orientações sobre alimentação saudável, prevenção de acidentes, crescimento e desenvolvimento da criança. Essa caderneta acompanha a criança até os 10 anos de idade.

Outra ação do governo do Estado do Rio Grande do Sul que também poderia incorporar um projeto de incentivo à leitura para bebês é o programa Primeira Infância Melhor (PIM). Com o lema: "O que você faz para o seu filho agora, vale para toda a vida", esse

---

As informações foram coletadas em entrevistas orais com o coordenador de ações em saúde da cidade de Passo Fundo, Valdir de Almeida, e com as coordenadoras do Programa de Saúde da Mulher, enfermeiras Luciana Z. M. dos Santos e Emilene dos Santos Schleder, e a coordenadora do programa Criança Viva Feliz, enfermeira Sueli Terezinha Costa.

projeto foi implantado em 7 de abril de 2003, visando ao atendimento integral das necessidades da criança de 0 a 6 anos de idade, com ênfase na faixa etária de 0 a 3 anos. Esta ação está prevista para ser implantada no município de Passo Fundo ainda em 2009.

Uma ação de leitura na infância inicial pode – e deve – ser pensada para que aconteça em parceria com um ou mais desses programas de saúde existentes. O que se propõe neste estudo investigativo, portanto, é um programa de incentivo à leitura dividido em duas etapas distintas.

A **primeira etapa** consiste em oferecer subsídios teórico-práticos para a conscientização da mãe sobre a importância do incentivo à leitura a partir da concepção e fornecer uma sacola com material impresso básico e necessário para essa conscientização.

Essa ação pode se feita em parceria com o Núcleo de Saúde da Mulher, responsável pelo atendimento à gestante no Programa de Planejamento Familiar. Para isso, será necessário reservar, no mínimo, dois encontros com gestantes para reflexões sobre o incentivo à leitura, com o objetivo de conscientizá-las sobre a importância da leitura na sua vida como indivíduo e ser social, além dos reflexos positivos do ato de ler no desenvolvimento do bebê.

A sacola, que funcionará como reforço para as palestras, será entregue no primeiro encontro e seu conteúdo deve ser apresentado e experimentado com as gestantes.

A partir desses encontros, poderão ser criadas oficinas de leitura ou de confecção de livros de pano para as mães, com o objetivo de reforçar a ideia da importância do incentivo à leitura a partir da gravidez.

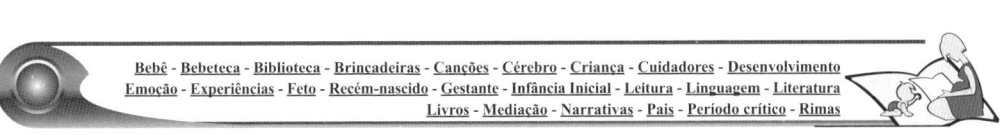

A **segunda etapa** do programa divide-se em duas ações distintas. A primeira ação consiste em sessões de rima e narração de histórias para mostrar às mães, pais e cuidadores – com seus bebês – um repertório de comportamentos capazes de animar uma leitura e, assim, transformar essa criança num leitor precoce, sensível e permanente.

Devem ser atividades práticas contínuas, com intervalo fixo, realizadas em bibliotecas públicas e de escolas estaduais e municipais previamente acordadas durante um período de três anos. Usando como signo o livro de literatura, a fala e os gestos – nas sessões de narrativa de histórias e as canções e suas respectivas brincadeiras – nas sessões de rima, os responsáveis pelas ações mostrarão aos pais a importância da modulação da voz e do uso desses signos como estímulo para a formação de comportamentos de leitura. Essas ações funcionarão como modelo, ao mesmo tempo que reforçarão os comportamentos aprendidos durante o programa para os pais e bebês, os quais, juntos, estarão ingressando no mundo da leitura.

A segunda ação fundamenta-se na distribuição de material de informação e orientação sobre leitura na infância inicial e de livros e objetos que servirão de suporte para as atividades do programa e para a construção de um contexto adequado às atividades de leitura no núcleo familiar.

Organizado em três sacolas, que se diferenciam pela faixa etária, contemplando: 0-12 meses, 12-24 meses e 24-36 meses, e em mais duas sacolas para crianças com necessidades especiais – com deficiência auditiva e visual, contemplando crianças de 0 a 36 meses. Essa segunda ação deve iniciar logo após o nascimento do bebê. A entrega das duas primeiras sacolas deve ocorrer em parceria com uma ação de saúde destinada à criança.

Bebê - Bebeteca - Biblioteca - Brincadeiras - Canções - Cérebro - Criança - Cuidadores - Desenvolvimento
Emoção - Experiências - Feto - Recém-nascido - Gestante - Infância Inicial - Leitura - Linguagem - Literatura
Livros - Mediação - Narrativas - Pais - Período crítico - Rimas

Assim, esta proposta, apresentada a seguir, constitui-se num Programa de Incentivo à Leitura na Infância Inicial, que pode se transformar numa política pública de leitura de qualquer município ou Estado do território brasileiro.

Sugestão de título do programa:
Programa Bebelendo

Objetivo geral

Envolver gestantes, pais e cuidadores de crianças na faixa etária de 0 a 3 anos em atividades que resultem no desenvolvimento da sensibilidade e na formação de comportamentos perenes de leitura.

Objetivos específicos

• Oferecer subsídios teórico-práticos às gestantes, por meio de palestras de conscientização sobre a importância da leitura na vida de seus bebês e de material impresso e gravado para cumprir tal objetivo.

• Proporcionar os primeiros contatos da criança e dos pais não leitores com os livros, por meio de doações da instituição governamental ou privada patrocinadora, estimulando o ato de ler em família e a criação de espaços familiares de leitura.

• Envolver pais e cuidadores em atividades semanais com rima e narração de histórias, dentro de bibliotecas públicas, escolares e privadas, que sirvam de modelo aos pais e bebês, ao mesmo tempo que funcionam como reforço parcial para o programa.

• Conscientizar editores sobre a importância do engajamento no projeto na condição de investidores, possibilitando a implementação do projeto.

• Estabelecer parcerias com as entidades responsáveis pela saúde da mulher e do bebê e com bibliotecários ou professores responsáveis pelas bibliotecas para que essa ação aconteça em nível de excelência.

Plano de implantação

Consiste em apresentar o projeto para vários segmentos da sociedade com o objetivo de viabilizá-lo por meio de parcerias públicas e privadas. Para isso dez passos podem ser seguidos pelos responsáveis pela coordenação do programa, na seguinte ordem:

1º passo – Estabelecer os contatos necessários para apresentar as duas etapas do Programa Bebelendo às instituições privadas ou governamentais, objetivando obter uma parceria que possibilite a implementação de uma ação de incentivo à leitura para bebês.

2º passo – Buscar investidores para a montagem das sacolas do Programa Bebelendo junto a empresas interessadas.

Cada sacola deverá ter o nome do programa conforme a logomarca adiante, bem como todo o material de divulgação, e atender às necessidades da clientela à qual se destina.

Bebê - Bebeteca - Biblioteca - Brincadeiras - Canções - Cérebro - Criança - Cuidadores - Desenvolvimento
Emoção - Experiências - Feto - Recém-nascido - Gestante - Infância Inicial - Leitura - Linguagem - Literatura
Livros - Mediação - Narrativas - Pais - Período crítico - Rimas

3º passo – Planejar o Programa Bebelendo (1ª etapa): agendamento dos dias e horários das palestras de conscientização da gestante sobre a importância do incentivo à leitura a partir da vida intrauterina; do repasse de orientações para os palestrantes sobre o tema e material a ser utilizado nas palestras e da entrega da sacola da gestante.

1º) Tema das palestras para conscientização da gestante:

"A leitura e o desenvolvimento cerebral do bebê".

"A literatura oral e a mediação em atividades de leitura."

2º) Material audiovisual que será utilizado nas palestras.

Música: **Saiba**, composta por Arnaldo Antunes e interpretada por Adriana Calcanhoto.

Vídeo: **Vida Maria**, de Márcio Ramos.

3º) A entrega da sacola da gestante ocorrerá no dia do primeiro encontro destinado à conscientização da mãe sobre a importância do ato de ler, de ser leitor e de formar leitores. No momento da entrega, ela preencherá o primeiro formulário, que formará o banco de dados para avaliação do projeto e futuras pesquisas.

Um estudo sobre a possibilidade de os governos municipal, estadual ou federal,

---

Os subsídios teóricos para a primeira palestra encontram-se em PURVES, Dale et al. *Neurociências*. 2. ed. Porto Alegre: Artmed, 2005, cap. 24, cuja resenha se encontra no capítulo "Fundamentando teoricamente as ações de leitura", deste livro.

Para fundamentar teoricamente "literatura oral", tema parcial da segunda palestra, ver: VYGOTSKY, L. S.; LEONT'EV, Aleksei N.; LURIA, A. R. *Linguagem, desenvolvimento e aprendizagem*. 8. ed. São Paulo: Ícone, 2001; BETTELHEIM, Bruno. *A psicanálise dos contos de fadas*. Rio de Janeiro: Paz e Terra, 1980. WOLFFENBÜTTEL, Cristina Rolim. *Cantigas de ninar*. Porto Alegre: Magister, 1995; PIMENTEL, Altimar de Alencar; PIMENTEL, Cleide Rocha da Silva. *Esquindô-lê-lê:* cantigas de roda. João Pessoa: Universitária/UFPB, 2002. Para embasar "mediação", ver CERRILLO TORREMOCHA, Pedro C; LARRAÑAGA, Elisa; YUBERO, Antiago. *Libros, lectores y mediadores:* la formación de los hábitos lectores como proceso de aprendizaje. Cuenca: Ediciones de la Universidad de Castilla – La Mancha, 2002. Resenhas desses temas encontram-se no capítulo "Fundamentando teoricamente as ações de leitura", deste estudo investigativo.

A música *Saiba* faz referência a nomes de pessoas famosas, diferentes etnias e pronomes que designam pessoas comuns para falar da importância da infância, do pai, da mãe e de ser criança.

O filme *Vida Maria* é uma animação de oito minutos que mostra a mãe como a responsável por muitas gerações de mulheres analfabetas.

Bebê - Bebeteca - Biblioteca - Brincadeiras - Canções - Cérebro - Criança - Cuidadores - Desenvolvimento
Emoção - Experiências - Feto - Recém-nascido - Gestante - Infância Inicial - Leitura - Linguagem - Literatura
Livros - Mediação - Narrativas - Pais - Período crítico - Rimas

ONGs ou entidades interessadas em estabelecer parcerias com o Programa Bebelendo, possibilitando a publicação dos materiais informativos e a gravação das canções, parlendas, trava-línguas, quadrinhas e contos de domínio público; pode ser um meio interessante de baratear os custos do programa.

Sacola da gestante

A primeira sacola a ser entregue destina-se à gestante, que a receberá no primeiro encontro de conscientização sobre a importância da leitura para ela e seu bebê, independentemente do mês de gravidez em que se encontra. A entrega do material deve ser feita o mais cedo possível, pois a conscientização é um processo complexo que requer reforços periódicos, assim como é mais eficaz se isso ocorrer durante a gestação, pois, como está gestando um filho, a futura mãe pode assimilar novas ideias mais facilmente.

Itens da sacola:

1) Um *folder* atrativo, com linguagem simples, de boas-vindas ao programa.

2) Um catálogo da(s) editora(s) investidora(s) com sugestões de leituras claras e simples que ajudem a gestante durante a gravidez.

3) Um *folder* que oriente os pais a conversar, cantar e contar histórias para o bebê nascituro.

4) Um *folder* com sugestões para que o ambiente do bebê seja rico em estímulos visuais e táteis.

Bebê - Bebeteca - Biblioteca - Brincadeiras - Canções - Cérebro - Criança - Cuidadores - Desenvolvimento - Emoção - Experiências - Feto - Recém-nascido - Gestante - Infância Inicial - Leitura - Linguagem - Literatura - Livros - Mediação - Narrativas - Pais - Período crítico - Rimas

5) Uma agenda da gestante para que ela faça rápidas anotações e registre acontecimentos importantes, como consultas, primeiros movimentos, enxoval, fotos, construindo, com isso, a história do filho desde a gravidez.

6) Uma revista específica sobre gestantes, pais ou bebês.

7) Um CD com cantigas de ninar para que a mãe, ao escutá-lo, relembre canções da sua infância, aprenda novas canções e, com isso, se sensibilize para cantar para o seu bebê, uma vez que está comprovado que a criança, a partir do nascimento, prefere a voz humana à mecanizada.

8) Um livro com quadrinhas e parlendas para estimular a mãe a introduzi-las no dia a dia do seu bebê.

9) Um livro de contos tradicionais para estimular a leitura em voz alta.

10) Um livro de história abordando temas relacionados à gravidez.

Os textos dos *folders* poderão estar impressos na própria sacola – um procedimento que pode diminuir o desperdício de papel, baixar custos e tornar essas informações mais permanentes e acessíveis, uma vez que papéis são facilmente descartados.

Essa sacola poderá ser pensada de modo que tenha outra utilidade, por exemplo, servir para trazer as compras da feira ou do mercado. É uma atitude ecologicamente correta, pois contribuirá para a conscientização da redução do uso de sacolas plásticas e, ao mesmo tempo, estará circulando diariamente com a mãe, transformando-se num meio poderoso de divulgação do Programa Bebelendo na comunidade.

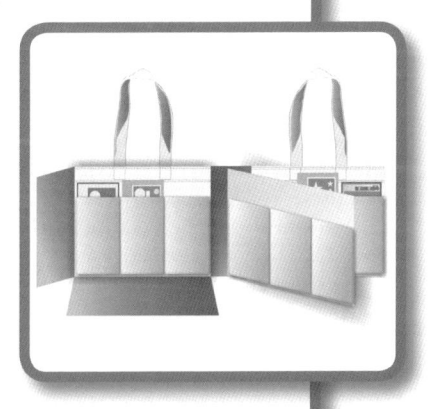

Bebê - Bebeteca - Biblioteca - Brincadeiras - Canções - Cérebro - Criança - Cuidadores - Desenvolvimento Emoção - Experiências - Feto - Recém-nascido - Gestante - Infância Inicial - Leitura - Linguagem - Literatura Livros - Mediação - Narrativas - Pais - Período crítico - Rimas

No primeiro **formulário de pesquisa** do programa, a ser preenchido no momento da entrega da sacola, constarão dois blocos: dados de identificação e sobre práticas leitoras.

> Um modelo desse formulário encontra-se no Apêndice D.

Sugestões de livros:

1) Editora Caramelo, ***Quem canta seus males espanta 2***, de Theodora Maria Mendes de Almeida.

> "Este volume, além das letras de músicas infantis tradicionais e parlendas, inclui trava-línguas e adivinhas. Com capa cartonada, o livro é acompanhado de um CD com as canções."

2) Editora Moderna, Coleção **Clássicos Infantis** da série ***Na Panela do Mingau***, de Maria José Nóbrega e Rosane Pamplona e ilustrações de Marcelo Cipis: *Salada, saladinha; Diga um verso bem bonito!; Enrosca ou desenrosca?; Era uma vez... três!*

> "Coleção que reúne as principais obras que inauguraram a Literatura Infantil. Os livros apresentam a 'história da história', isto é, a origem do conto recontado. A supervisão teórica e a orientação geral são de Nelly Novaes Coelho, professora titular de Literatura Infantil da Universidade de São Paulo."

3) Coleção Crescer, ***E agora? Vão tomar o meu lugar?***, de Bel Linares e ilustrações de Alcy.

> "Esta série traz parlendas, trava-línguas, trovas e outros ingredientes saborosos."

4) Editora Paulus, **Coleção Clássicos.**

> "Livro de imagens que trata da chegada de um novo bebê."

Sugestões de revistas:

1) Editora Globo: *Crescer*.

2) Editora Online: *Revista da gestante*.

> "Esta coleção apresenta os contos clássicos dos irmãos Grimm. [...] os livros dessa coleção têm um diferencial: sua fidelidade aos textos dos autores, pois foram traduzidos direto do alemão, língua dos irmãos Grimm, pela consagrada escritora Tatiana Belinky."

3) K Editores: *Seu filho e você*.

4) Manchete Editora: *Pais e filhos*.

5) Símbolo Editora: *Meu nenê*

A primeira etapa do Programa Bebelendo exige reforços periódicos para que as informações repassadas à gestante se transformem em comportamentos de leitura. Os reforços acontecerão por meio das diferentes ações que fazem parte da segunda etapa desse programa.

4º passo – Planejar o Programa Bebelendo (2ª etapa): elaboração de um cronograma para a entrega de cada sacola com material

Bebê - Bebeteca - Biblioteca - Brincadeiras - Canções - Cérebro - Criança - Cuidadores - Desenvolvimento
Emoção - Experiências - Feto - Recém-nascido - Gestante - Infância Inicial - Leitura - Linguagem - Literatura
Livros - Mediação - Narrativas - Pais - Período crítico - Rimas

teórico-prático de leitura destinado à criança; as sessões de rima e história que servirão de modelo para mães, cuidadores e bebês em bibliotecas; as orientações aos animadores dessas sessões.

No calendário das "sessões de história" e "sessões de rima", constará o nome da biblioteca, endereço, dia da semana, horário de início e fim, que devem ser invariáveis. Essas atividades devem acontecer diariamente, em diferentes bibliotecas, facilitando a frequência de todas as crianças.

5º passo – Organizar as três sacolas do Programa Bebelendo (2ª etapa): a distribuição do material de leitura em três sacolas, respeitando as faixas etárias de 0 a 12 meses, de 12 a 24 meses e de 24 a 36 meses, acontecerá vinculada a uma ação de saúde ou de leitura.

As sacolas dos bebês – os quais a partir do nascimento demonstram preferências por círculos, listras, contornos nítidos, contrastes e cores primárias – deverão ter um formato mais lúdico para estimulá-los e, ao mesmo tempo, servir de reforço para uma ou mais ideias defendidas no programa. Só poderão ser entregues mediante apresentação da Caderneta de Saúde da Criança e no momento estipulado para que isso seja feito.

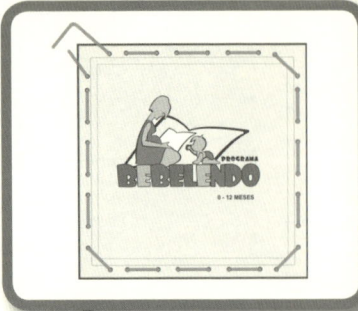

1ª sacola do bebê
(0-12 meses)

É a primeira sacola do bebê e pode ser entregue na primeira consulta médica ou na vacinação, que durante o primeiro ano de vida acontece nas seguintes idades: ao nascer, com 1 mês, 2, 4, 6, 9 e 12 meses. A entrega deve ser feita o quanto antes para um melhor aproveitamento do seu conteúdo e participação da família no Programa Bebelendo.

A sacola foi planejada de modo que, após transportar os livros para a casa de cada criança, ela se transforme num tapete. Produzida em tecido grosso e macio, medindo 1 metro quadrado, com um cordão nas bordas, que, ao ser puxado, fecha o tapete e o transforma numa sacola, pode ser aberta em qualquer cômodo da casa. Isso forma um espaço de leitura no qual o bebê, deitado ou sentado, passa a ter contato com livros e brinquedos desde o nascimento.

Itens da sacola:

1) Um *folder* atrativo de boas-vindas ao novo membro, com horários de funcionamento e endereço das diversas bibliotecas que fazem parte do projeto, dando à mãe diversas opções de locais para serem frequentados.

2) Um *folder* com as atividades especiais para crianças nessa faixa etária, com o objetivo de ajudar a desenvolver a atenção, percepção, coordenação e fala com o uso de livros, canções, ritmos, poesias e estimulações corporais.

3) Um formulário para se associar a uma das bibliotecas parceiras do programa.

4) Um catálogo da(s) editora(s) parceira(s) do programa com sugestões de livros para essa faixa etária.

Bebê - Bebeteca - Biblioteca - Brincadeiras - Canções - Cérebro - Criança - Cuidadores - Desenvolvimento - Emoção - Experiências - Feto - Recém-nascido - Gestante - Infância Inicial - Leitura - Linguagem - Literatura - Livros - Mediação - Narrativas - Pais - Período crítico - Rimas

5) Um livro cartonado sobre cores, formas ou animais que permita a interação da criança com o livro.

6) Um livro de plástico para ser manuseado durante o banho.

7) Um livro de tecido.

8) Um livro de poemas.

9) Um guia, em forma de livro infantil, para estimular o ato de ler em qualquer ambiente.

É fundamental que se incentive a mãe a participar com seu bebê das atividades de rima e contação de histórias nas bibliotecas, que servirão como suporte prático para que ela desenvolva em casa comportamentos de leitura com seu bebê e leve para casa livros diferentes a cada encontro, enriquecendo os momentos de leitura e o entorno da criança. No caso de a mãe estar impossibilitada de levar a criança às sessões nas bibliotecas, qualquer adulto responsável pela criança pode levá-la e participar.

A essa faixa etária são indicados livros para o manuseio do bebê e livros para a mãe ler ao bebê: há várias histórias clássicas que ela já conhece e recebeu na sacola da gestante, as quais podem ser lidas em voz alta, ajudando, futuramente, os pais e as crianças a lidar com questões infantis. Para o manuseio do bebê, além de livros cartonados, livros de banho e de tecido devem ser selecionados para a sacola.

Sugestões de livros para essa faixa etária:

1) Editora ABC Press

– Coleção Amigos a Toda Hora, de Georgie Birkett.

2) Editora Caramelo

– Coleção Toque e Descubra, Emma Books, **Cores e formas**.

"Texturas macias, ásperas e coloridas. Um mundo de descobertas para o bebê. Esse livro divertido e muito colorido fará as crianças perceberem, de uma forma muito animada, como as coisas podem ser diferentes e interessantes."

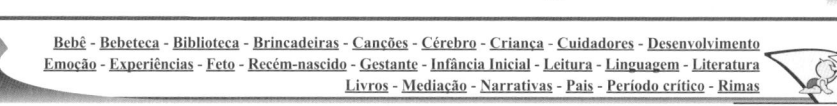

> "'A Arca de Noé' é também o título do primeiro poema deste livro. O conjunto é formado por 32 poemas, a maioria sobre bichos, e inclui os que constam dos discos *Arca de Noé 1 e 2*. Alguns foram musicados pelo próprio Vinicius de Moraes (1913-1980) e se tornaram clássicos da MPB para crianças (Um bom exemplo é o daquela casa 'muito engraçada que não tinha teto/não tinha nada'). Todos são poemas feitos para ler, aprender de cor ou cantar."

> "Cada página desta coleção cartonada apresenta um recorte com um material diferente: pelúcia, plástico, tecido, borracha... Sentindo cada textura, as crianças aprendem sobre os animais de cada ambiente de uma maneira original e divertida."

> "Com belo jogo de palavras, Capparelli apresenta situações inusitadas que revelam às crianças suas alegrias e aflições. Alguns poemas lembram as parlendas; outros, as cantigas de ninar. Mesmo as crianças mais velhas se encantam com o ritmo e as rimas apresentados nos poemas."

> "Cheio de coisas para tocar e sentir, os Pequenos Amigos acompanharão a criança em todos os lugares. Cada livro possui uma alça para prender no berço, carrinho ou cadeirão."

> "Um livro-travesseiro de tecido, macio e colorido. A história delicada do passeio da nuvem Sofia pelo céu vai embalar o sono e trazer lindos sonhos aos bebês. Lavável, impresso com tinta não tóxica e acondicionado em embalagem lacrada."

– Coleção Achou, *Hora do banho*.

3) Editora Cia. das Letras

– ***A Arca de Noé***, de Vinicius de Moraes.

4) Editora Girassol

– Livros de banho, Coleção Banho Divertido: *Hora do banho, Hora de brincar, Hora de comer, Hora de vestir* e *Hora do banho*.

Coleção Hora do Banho: caranguejo, cobra, coelho, tartaruga; Tchibum Clóvis, o crocodilo; Tchibum Hipólito, o hipopótamo; Tchibum Paco, o pato e Tchibum Túlio, o tubarão.

– Coleção **Toque e Leia**: *Amigos da fazenda*; *Animais da selva*; *Animais de estimação* e *Turma do oceano*.

5) Editora Leitura:

– Livros de tecido e EVA.

6) Editora L&PM

– ***Boi da cara-preta***, de Sergio Capparelli.

7) Editora Moderna

– Livros de banho: *Plim, o pinguim* e *Guga, a tartaruga*, com texto e ilustrações de Marie-Helène Grégoire.

– Livros para tocar e sentir: Série **Pequenos Amigos**, com texto e ilustrações de Lara Jones – *Meg vai comer; Meg faz carinho* e *Meg quer brincar*.

– Livro de tecido: ***Um passeio com a nuvem Sofia***, com texto e ilustrações de Nicoletta Costa.

8) Editora Sextante

– Coleções Bloco de Animais e Quer Brincar, de Rosa Amanda Strausz.

Bebê - Bebeteca - Biblioteca - Brincadeiras - Canções - Cérebro - Criança - Cuidadores - Desenvolvimento - Emoção - Experiências - Feto - Recém-nascido - Gestante - Infância Inicial - Leitura - Linguagem - Literatura - Livros - Mediação - Narrativas - Pais - Período crítico - Rimas

9) Editora Todolivro

– Livros de banho, Coleção Amiguinhos do banho, Banho Divertido, Amiguinhos do Mar, Janelinha e a Hora do Banho.

– Livros de tecido, Coleção Animais Carinhosos: *Coelhinho, Gatinho, Patinho* e Fofurinhas: *O cachorrinho, O coelhinho.*

– Coleção Livrinhos do Bebê: *Meu dia* de Small World Creations, e *Insetos ocupados,* de Cristina Klein.

2ª sacola do bebê
(12-24 meses)

É a terceira sacola do programa e a segunda destinada ao bebê. O formato pode ser o de uma sapateira, que receberá o nome de bebeteca. Montada sobre tecido firme, terá bolsos de material transparente, onde serão colocados os livros. Quando dobrada, forma uma pequena pasta e, quando aberta, pode ser pendurada à parede da casa, numa altura baixa para facilitar o acesso da criança. Colocada num canto do quarto ou da sala, próximo ao tapete recebido como primeira sacola, complementará o espaço de leitura do bebê. Pode ser entregue numa consulta médica, na vacinação que acontece aos 15 meses, ou na biblioteca que a criança frequenta.

Itens da sacola:

1) Os itens 1, 2 e 3 da primeira sacola do bebê constarão nesta sacola, se for permitido o ingresso de crianças no programa a qualquer momento.

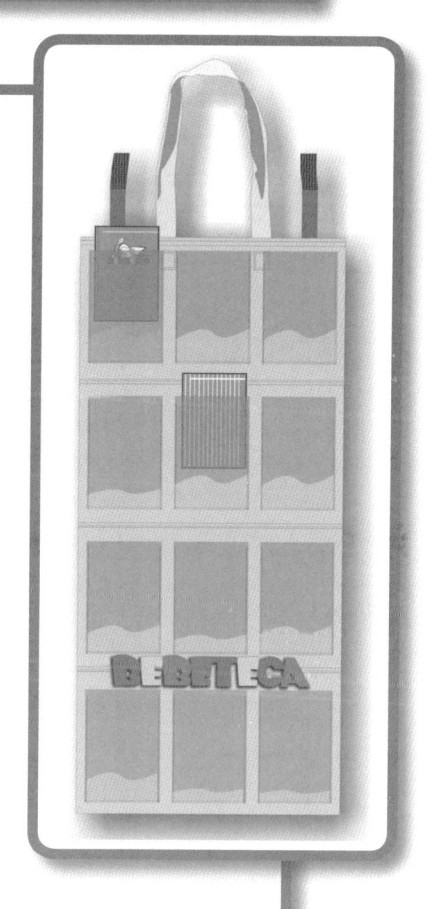

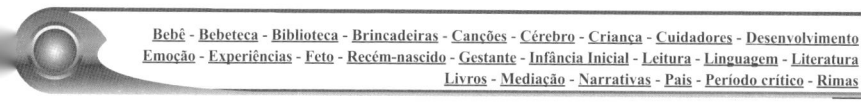

Bebê - Bebeteca - Biblioteca - Brincadeiras - Canções - Cérebro - Criança - Cuidadores - Desenvolvimento - Emoção - Experiências - Feto - Recém-nascido - Gestante - Infância Inicial - Leitura - Linguagem - Literatura - Livros - Mediação - Narrativas - Pais - Período crítico - Rimas

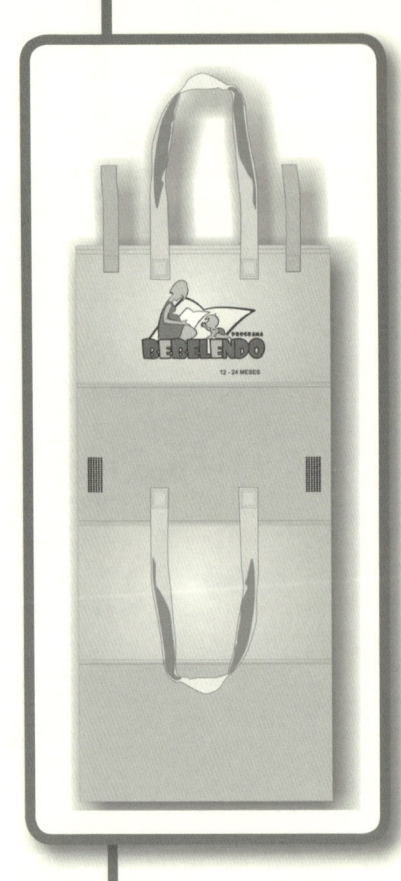

2) Um catálogo da(s) editora(s) parceira(s) com sugestões de leituras adequadas à faixa etária.

3) Uma folha de adesivos com personagens de histórias infantis e com alguma frase que estimule a formação de um ambiente de leitura personalizado, na própria casa, por exemplo, Programa Bebelendo, *Bebeteca de...* (nome da criança).

4) Artigos/livros sobre as possibilidades de explorar imagens e texto, por exemplo, *Ilustração do livro infantil,* Editora Lê, de Luís de Camargo.

5) Um material lúdico com números de 1 a 10.

6) Revista com imagens para colorir.

7) Uma caixa de lápis de cera.

8) Um livro interativo cartonado.

9) Um livro de poemas.

10) Um livro de história não verbal.

11) Um livro de história adequado à faixa etária.

O incentivo para que a mãe participe com seu bebê das atividades de rima e narrativas de histórias nas bibliotecas previamente acordadas, que servirão como suporte prático para que ela desempenhe comportamentos de leitura com seu bebê em casa, continua sendo fundamental.

Nesse momento, além de suporte para a mãe, essas atividades desenvolverão o comportamento de frequentar uma biblioteca e retirar material para ser utilizado em casa, mostrando que nem o projeto deve dar todos os livros, nem a família deve comprá-los. Incentivo à leitura implica aproximação da criança de materiais de leitura, sejam adquiridos ou de acervo de bibliotecas de diferentes naturezas.

Sugestões de livros para essa faixa etária:

1) Editora ABC Press:

– Coleção Vida dos Bichos: *Aprenda com o Sr. Jaca*, de Jô Lodge, e *Bebê leitor*, de Stephen Barker.

2) Editora Caramelo:

– Coleção **Movimento**: *No parque* e *Na fazenda*.

– Coleção **Cadê o Bichinho?**: *Os amigos do coelhinho*.

3) Editora Ediouro:

– *Patas para abraçar*, *Rabos e barbatanas*, *Asas e patas* e *Orelhas para ouvir*.

4) Editora Girassol:

– Coleção **Esconde-Esconde**: *Quem é você? Quem está falando? Quem mora aqui? Quem se escondeu?*

– Coleção **Coloreco**: *Gato, Macaco, Pato, Esquilo*.

5) Editora Global:

– Coleção Eva Furnari: **A bruxinha atrapalhada.**

– Coleção **Só Imagem**: *A flor do lado de lá*, autor e ilustrador Roger Mello; *Caixa de surpresas*, autora e ilustradora Cláudia Ramos; *Feito bicho!*, autora e ilustradora Gabriela Brioschi; *Um elefante...*, autora e ilustradora Cláudia Ramos.

"Nesses encantadores livros interativos, repletos de magníficas ilustrações coloridas, a criança se diverte ao movimentar as figuras deslizantes de cada página para descobrir as respostas. Os livros têm uma alça para a criança levá-los a todo lugar."

"Os livros da Coleção Cadê o Bichinho? estimulam a memorização e a coordenação motora das crianças e divertem pais e filhos."

"Essa coleção traz livros interativos para crianças pequeninas que estão descobrindo características e curiosidades sobre os animais. As páginas resistentes e repletas de ilustrações permitem que elas aprendam de maneira simples e descontraída, divertindo-se com essa encantadora coleção. É só puxar a alavanca para descobrir qual animal está escondido em cada página."

"A Coleção Coloreco tem figuras bem grandes, com modelos para copiar, ideal para as crianças menores."

"Nesse livro, sem a utilização de palavras, só imagens, a autora cria uma bruxinha atrapalhada que pode realizar seus desejos com a ajuda de uma varinha mágica, sofrendo as mais inusitadas consequências. O livro é formado por dez historinhas. Em algumas, a bruxinha alcança um final feliz; em outra, ela não é tão feliz em suas mágicas. O bom humor está presente em todas as historinhas, e as imagens possibilitam ao leitor criar os próprios diálogos."

"Uma imagem associada a outra cria uma história que pode ser inventada a cada olhar. É este o objetivo da coleção: fazer com que a criança pequena imagine, crie e recrie a sua história e aprenda com ela, com alegria e liberdade."

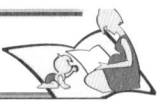

160

6) Editora Moderna:

– Coleção Gatinha Meg: *Meg, a gatinha – Mude a cena*; **_Meg, a gatinha – Dia feliz_**, com textos e ilustrações de Lara Jones.

"Conheça um dia na vida de Meg neste livro: cheio de janelinhas para abrir e se divertir."

7) Editora Paulus:

– Coleção Ponto de Encontro, autor e ilustrador Roberto Caldas:

Olho mágico

"Livro de imagens que brinca muito com a imaginação e a fantasia. Um artista plástico com suas tintas cria um painel com estrelas, luas, planetas, o universo em toda a sua beleza. Em um piscar de olhos, crianças se aproximam, aparece um foguete e inicia-se uma deliciosa viagem."

Luzinha curiosa

"Livro de imagens que mostra uma luzinha curiosa e misteriosa passando por diversos lugares diferentes e conhecendo muitos outros seres, até que encontra outra luz da qual gosta muito. Apresenta uma visão poética da busca e do encontro."

O melhor nem sempre é bom

"Por meio de imagens, esse livro mostra inúmeras brincadeiras infantis e conta a história de um menino que queria sempre chamar a atenção e diferenciar-se dos outros, sem ter muita solidariedade na hora do lazer. Com isso, o menino cria conflitos e dificulta seu entrosamento no grupo."

A menina das borboletas

"Uma narrativa rica em imagens sobre uma menina que cultiva uma flor, mas enfrenta algumas dificuldades: pessoas passam por cima da flor e cachorros fazem xixi. Mas a menina é muito persistente e quer não só uma flor, mas um jardim, e para isso conta com a ajuda das borboletas."

Viva a diferença

"Por meio de imagens, o livro trata do encontro de dois grupos de crianças. No início, parece que vai sair briga, pois eles não se aceitam de jeito nenhum, não se misturam e até agridem os membros do grupo adversário. Mas, pouco a pouco, à medida que se conhecem melhor, as relações vão melhorando."

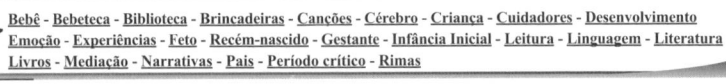

– Coleção Bela Descobeta, de Rosaly Stefani e Adriana Crespo e ilustrações de Marcelino Vargas: **_Bel e Berta na casa nova_**.

– Coleção Natureza Amiga, de Maria do Carmo Alves de Souza e ilustrações de Soares: **_O rio_**.

> "Traz a história de duas grandes amigas, Bel e Berta, que se gostam muito e que realizam um sonho de infância: morar juntas. Quando encontram uma casa para morar, depois de muita procura, resolvem suas diferenças dividindo a arrumação da casa. Assim, enquanto um quarto fica todo arrumado, o outro vira uma bagunça só."

8) Editora Todolivro:

– Coleção Que Bicho É?: **_Quem está se escondendo._**

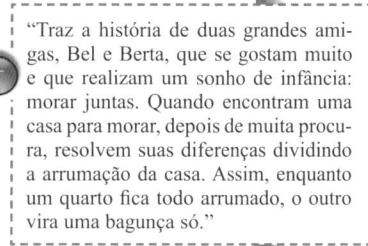

> "O livro aborda um tema ecológico muito discutido atualmente: a poluição dos rios. Seu percurso é descrito desde a nascente livro, desde onde ele nasce. Nos grandes centros urbanos ele é maltratado e destruído pelo homem."

> "Quem Está Se Escondendo? faz parte da Coleção Que Bicho É? São livros interativos que ensinam as crianças, através de ilustrações, o alfabeto, a contar, conhecer os animais da floresta e da fazenda, e o seu _habitat_."

3ª sacola do bebê
(24-36 meses)

É a terceira e última sacola da criança e da segunda parte do programa que prevê a entrega de três sacolas com material teórico-prático de incentivo à leitura para bebês. A maioria das crianças, se ainda não frequenta creches e maternais, passa a fazê-lo a partir dessa idade; por isso, a sacola deve ter formato de mochila, a fim de que as crianças possam utilizá-la diariamente para levar o material para a creche.

É importante frisar aqui que "a criança até 3 anos de idade não deve ser submetida a nenhuma **sobrecarga de peso** que venha a forçar a estrutura osteomuscular

> Orientações repassadas pelo ortopedista Dr. Raniero Magnabosco Laghi, ao ser entrevistado pelas investigadoras.

da coluna vertebral", devendo se pensar, portanto, numa mochila com rodinhas para ser entregue a elas.

Tal ação, se não for feita numa consulta médica, poderá ocorrer na biblioteca que a criança frequenta, no Dia Nacional do Livro Infantil –, 18 de abril – uma vez que o calendário de vacinação de 15 meses salta para 4 anos de idade.

Itens da sacola:

1) Os itens 1, 2 e 3 da primeira sacola do bebê constarão, também, nessa sacola, se for permitido o ingresso de crianças a qualquer momento no programa.

2) Um catálogo da(s) editora(s) parceira(s) com sugestões de livros que se destinem à faixa etária em questão.

3) Um texto com ideias de como falar, brincar, cantar e ler estimulam a aprendizagem do bebê.

4) Uma folha de adesivos com personagens de histórias infantis e com alguma frase que estimule a formação de um ambiente de leitura personalizado, na própria casa, como por exemplo, Programa Bebelendo, *Bebeteca de...* (nome da criança).

5) Um bloco para desenhos.

6) Uma caixa de lápis de cor.

7) Um apontador.

8) Um livro de poemas.

9) Um livro de história adequado à faixa etária.

10) Um livro de histórias que mostre a diversidade do país em que o bebê vive.

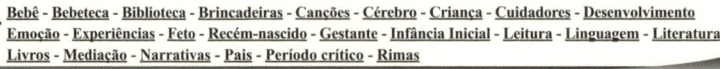

11) Folhetos de divulgação do projeto dando ênfase aos resultados positivos e estimulando que a criança continue a frequentar a biblioteca.

Sugestões de livros para essa faixa etária:

1) Editora Ática:

– Coleção As Coisas que Eu Gosto: ***Eu gosto muito***, de Ruth Rocha e Dora Lorch.

– Coleção **Gato e Rato**, de Mary França, com ilustrações de Eliardo França.

– Coleção Poesias para Crianças: ***Poemas para brincar***, de José Paulo Paes.

2) Editora Ciranda Cultural:

– Coleção Pop-up Surpresa, de Jack Tickle.

3) Editora DCL:

Cada família é de um jeito, de Aline Abreu.

4) Editora Ediouro:

– Coleção Achou!

5) Editora FTD:

– *Dormir fora de casa*, de Ronaldo Simões Coelho; *Confusão no jardim*, de Ferruccio Verdolin Filho, e *A zebrinha preocupada*, de Lúcia Reis.

6) Editora Girassol:

– Coleção Bicharada.

7) Editora Leitura:

– Coleção Maternal.

8) Editora Salamandra:

O que é que se faz com um penico? de Marianne Borgardt e ilustrações de Jean Pidgeon.

9) Editora Panda Books:

– Coleção Todd Parr

"Brincando com água, terra... Nessa fase, a criança aprende a reter as fezes e a urina. Brincar com água, terra ou materiais que se assemelham a produtos do próprio corpo ajuda no amadurecimento da criança."

"Prêmio O Melhor para Criança, da Fundação Nacional do Livro Infantil e Juvenil."

"Esse clássico da literatura infantil brasileira, que se tornou peça de teatro, é um gostoso convite para a criança mergulhar no mundo da poesia."

"Família não tem duas iguais. E não tem mesmo! Em *Cada família é de um jeito*, a autora mostra, de uma forma poética, colorida e singela, as variadas famílias, que nem sempre são compostas somente de mãe, pai e irmãos."

"Com esse livro, o desfraldamento pode ser vivido de forma estimulante e natural. Brincando com imagens e colocando em movimento as figuras do livro, a criança se diverte enquanto se familiariza com o penico e descobre as vantagens de usá-lo."

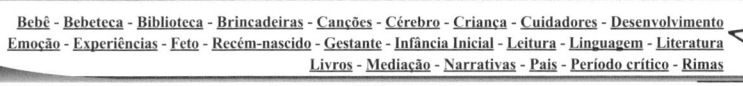

"Traz conhecidas parlendas e trava-línguas da cultura folclórica brasileira. As parlendas e os trava-línguas são as brincadeiras orais prediletas das crianças. O desafio é dizê-los sem errar, e cada vez mais rapidamente. Com ilustrações bem-humoradas e a delicadeza de sempre."

"'Os 'limerick' são poeminhas/ Que sempre só têm cinco linhas,/ Contando, rimados,/Uns 'causos' gozados:/ Estórias bem piradinhas'" – assim Tatiana Belinky define esse tipo de poema, muito gostoso de ler, recheado de disparates. Nesses versos, qualquer coisa pode virar personagem: pulga cidadão de Caconde, medos, menina invejosa cacófatos..."

"Em *Bisaliques*, Tatiana Belinky fala com graça, bom humor, rimas, e também fala, de forma terna, de certa bisa moderna."

"Coletânea de poemas divertidos, centrados em situações da vida dos animais. Feito como brincadeiras inteligentes e jogos lúdicos com os sons dos fonemas e o ritmo ágil e sincopado das frases e rimas. Uma festa de sons e imagens."

"Num passeio pelo Brasil, o livro busca resgatar valores culturais de nossa terra, utilizando, para esse fim, duas das mais belas linguagens artísticas: a poesia e as artes plásticas."

10) Editora Paulus:

– Coleção Ponto de Encontro: **Um tigre, dois tigres, três tigres**, de Neusa Pinsard Caccese e ilustrações de Eva Furnari.

– Coleção No mundo da Imaginação: **Bregaliques**, de Tatiana Belinky e ilustrações de Cláudio Martins, e **Bisaliques**: *Eta bisa boa*!, de Tatiana Belinky e ilustrações de Cláudia Scatamacchia.

– Coleção Arteletra: **A marreca da Rebeca e outros poemas**, de José de Castro e ilustrações de Eliardo França.

– **Meu Brasil de A a Z**, de Ulisses Tavares e Maria Galas.

11) Editora Sextante:

– Coleção Adivinhe Quem eu Sou?, de Jodie Shepherd.

12) Editora Todolivro:

– Livros do bebê: Coleção Aprendendo no Trenzinho, *Cores, Formas, Números opostos*.

6º passo – Organizar uma sacola com material informativo e literário especial para crianças com dificuldades visuais e outra para crianças com dificuldades auditivas de 0 a 36 meses.

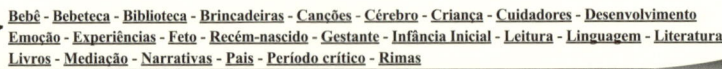

Sacola especial
Crianças com dificuldades visuais (0-36 meses)

A quinta sacola do programa é classificada dessa forma porque visa atingir crianças com necessidades especiais. Com o objetivo de inclusão, será elaborada em parceria com especialistas em educação e leitura para cegos. A entrega será feita logo após o nascimento, uma vez que a criança pode participar de todas as atividades que serão desenvolvidas na segunda etapa do projeto, a ser realizada no interior de bibliotecas.

Itens da sacola:

1) Constarão todos os itens que foram pensados para as sacolas dos tipos 1, 2 e 3, bem como uma bebeteca destinados à orientação dos pais.

2) Orientações aos pais sobre como conduzir a leitura com crianças com necessidades especiais.

3) Um catálogo da(s) editora(s) parceira(s) com sugestões de livros em braille que abranjam a faixa etária de 0 a 3 anos.

4) Livros de histórias/poesias em braille.

Os itens dirigidos ao bebê serão especialmente desenvolvidos para deficientes visuais e obedecerão à orientação de educadores especializados no trabalho com esse tipo de necessidade.

Sugestões de livros:

1) Editora Paulinas

– *A bruxa mais velha do mundo*, de Elizete Lisboa e ilustrações de José Carlos Aragão; *Firirim finfim,* de Elizete Lisboa e ilustrações de Ana Raquel; *Que será que a bruxa está lavando,* de Elizete Lisboa e ilustrações de Maria José Boaventura.

2) *Site* Benjamin Constant:

– Clássicos universais, contos, poesias e tradição popular: todos em braille, podem ser baixados e impressos.

3) Fundação Dorina Nowill – www.fundacaodorina.org.br

– Livros, em braille, de literatura brasileira infantil.

Sacola especial
Crianças com dificuldades auditivas (0-36 meses)

A sexta sacola é especialmente desenvolvida para bebês com deficiência auditiva. Com o objetivo de promover inclusão social, essa sacola será elaborada em parceria com especialistas em educação e leitura para surdos. A entrega será feita logo após o nascimento, uma vez que a criança pode participar de todas as atividades que serão desenvolvidas na segunda etapa do projeto, a ser realizada no interior de bibliotecas.

Itens da sacola:

1) Constarão todos os itens que foram pensados para as sacolas dos tipos 1, 2 e 3, bem como uma bebeteca destinados à orientação dos pais.

2) Orientações aos pais sobre a importância do uso da língua de sinais desde o nascimento.

3) Um catálogo da(s) editora(s) parceira(s) com sugestões de livros de história que utilizem a língua de sinais para a faixa etária de 0 a 3 anos.

Bebê - Bebeteca - Biblioteca - Brincadeiras - Canções - Cérebro - Criança - Cuidadores - Desenvolvimento - Emoção - Experiências - Feto - Recém-nascido - Gestante - Infância Inicial - Leitura - Linguagem - Literatura - Livros - Mediação - Narrativas - Pais - Período crítico - Rimas

4) Livros de histórias na língua de sinais.

Sugestões de livros:

1) Editora Arara Azul:

– *Alice para crianças*, de Lewis Carrol, com tradução e adaptação de Clélia Regina Ramos e ilustrações de Thiago Larrico.

2) Editora Ulbra:

– *Cinderela surda,* de Carolina Hessel, Lodevir Rarnopp e Fabiano Rosa.

3) Editora UPF:

– *Meu pequeno dicionário de libras*, de Tatiana Lebedeff.

4) Editora Palotti:

– *A lenda da erva-mate,* de Melânia de Melo Casarin.

5) *Site* www.libraselegal.com.br (patrocinado pela Petrobras):

– **Kit Libras é legal**

Nesse caso todo o material destinado ao bebê deve ser específico para surdos, contendo, além da legenda normal, uma elaborada com a língua de sinais. Conforme Purves et al., incentivar os pais a gesticular para seus filhos utilizando sinais funciona do mesmo modo que o balbuciar de uma criança sem deficiência.

A criança deve ser exposta à língua de sinais o mais cedo possível para facilitar seu desenvolvimento.

O Kit Libras é Legal é composto pelos seguintes materiais: manual do professor, um DVD, cinco livros de jogos didáticos e um minidicionário. Desses materiais, os livros de história infantis e o minidicionário estão editados em três linguagens: a libras falada, ilustrada por surdos colaboradores do projeto; o *Sign Writing* (escrita da língua de sinais) e o português escrito.

Os livros de história de cada sacola não precisam ser iguais, ou seja, pode haver livros de diferentes editoras patrocinadoras sem prejuízos ao programa; ao contrário, essas diferenças, num mesmo bairro, possibilitariam o empréstimo e a troca de livros entre as mães e as crianças.

A entrega das sacolas não deve estar relacionada ao fato de a mãe ou a criança

> A teoria necessária para essas reflexões encontra-se em: PIMENTEL, Altimar de Alencar; PIMENTEL, Cleide Rocha da SIlva. *Esquindô-lê-lê*: cantigas de roda. João Pessoa: Universitária/UFPB, 2002, p. 13-26; CERRILO TORREMOCHA, Pedro C; LARRAÑAGA, Elisa; YUBERO, Santiago. *Libros, lectores y mediadores*: la formación de los hábitos lectores como proceso de aprendizaje. Cuenca: Ediciones de la Universidad de Castilla – La Mancha, 2002, p. 29-34 MATURANA, Humberto. *Emoções e linguagem na educação e na política*. Belo Horizonte: UFMG, 1998. No capítulo "Fundamentando teoricamente as ações de leitura" deste estudo investigativo, encontram-se resenhas desses textos.

ser sócia da biblioteca. Associar-se deve ser um ato voluntário e consciente de cada mãe, incentivado pelas diferentes ações do programa.

7º passo – Planejar as ações do Programa Bebelendo – segunda etapa em bibliotecas previamente acordadas.

Sessões de rimas e de *narração de histórias*, com duração de uma hora cada, acontecerão semanalmente em diferentes bibliotecas da cidade, em horários adequados para a participação dos pais e cuidadores. Cada biblioteca parceira do programa realizará uma sessão semanal de rimas e uma de narração de histórias, que podem ser planejadas em conjunto com as demais bibliotecas em cada cidade.

Essas sessões exigem um momento prévio de **reflexão** com os mediadores das bibliotecas sobre:

1º) a importância de iniciar com canções e textos da tradição oral;

2º) os papéis exercidos pelo mediador em ações de leitura na infância inicial;

3º) a mediação, a linguagem e a emoção.

As canções podem e devem se repetir nas muitas sessões que farão parte dessa etapa do programa, mas cada sessão semanal apresentará novidades que levem a um crescimento cognitivo e afetivo.

Sessões de rimas

> Uma ficha para ajudar o planejamento das sessões de histórias pode ser visualizada no Apêndice A.

São **sessões** com atividades envolvendo parlendas, trava-línguas, quadrinhas, canções de berço e de brincadeiras para crianças menores de 4 anos de idade acompanhadas dos pais ou cuidadores.

Bebê - Bebeteca - Biblioteca - Brincadeiras - Canções - Cérebro - Criança - Cuidadores - Desenvolvimento
Emoção - Experiências - Feto - Recém-nascido - Gestante - Infância Inicial - Leitura - Linguagem - Literatura
Livros - Mediação - Narrativas - Pais - Período crítico - Rimas

Durante a sessão, a realizar-se sobre um tapete, que, ao mesmo tempo que delimita o ambiente, permite que os adultos tirem seus sapatos e se sentem com seus bebês num local aconchegante e limpo, as atividades se desenvolverão em sequência cronológica. Uma atividade de boas-vindas, cumprimentando os participantes, e uma de despedida marcarão sempre o início e o fim de cada sessão. Durante o desenvolvimento, as atividades estarão interligadas pelo tema escolhido para a semana.

No início, as atividades estimularão pais e cuidadores – voltados, sempre, para seus bebês – a cantar, recitar e brincar com os textos da tradição oral que, supostamente, por fazer parte do folclore, eles já conhecem. Gestos, entonação de voz e uso de signos visuais, táteis e auditivos, como fantoches e chocalhos, bolas pequenas de borracha para massagem, bolas grandes e redes pequenas para colocar a criança e balançá-la no ritmo da canção serão utilizados durante a mediação.

Na sequência, canções de berço e de brincadeiras contemporâneas serão apresentadas, escolhidas por sua qualidade musical, linguagem adequada e funcionalidade. A introdução deste material será gradual porque envolve a aprendizagem de um conteúdo novo e estranho aos pais.

Os selos Angels, Palavra Cantada, MCD, Sonhos e Sons, Azul Music e Sony Music possuem excelentes gravações de cantigas de roda e canções de ninar.

Sessões de histórias

São **sessões** com atividades envolvendo a narração de histórias para crianças menores

> Uma ficha para ajudar o planejamento das sessões de histórias pode ser visualizada no Apêndice A.

Bebê - Bebeteca - Biblioteca - Brincadeiras - Canções - Cérebro - Criança - Cuidadores - Desenvolvimento - Emoção - Experiências - Feto - Recém-nascido - Gestante - Infância Inicial - Leitura - Linguagem - Literatura - Livros - Mediação - Narrativas - Pais - Período crítico - Rimas

de 4 anos de idade acompanhadas dos pais ou cuidadores.

Um tapete compõe o cenário do Programa Bebelendo dentro da biblioteca parceira do programa, visto que, ao mesmo tempo que constitui um ambiente diferente, estimula os pais e cuidadores a se sentarem no chão, próximos e iguais às crianças.

Durante a sessão, as atividades acontecerão em sequência cronológica. Uma atividade de boas-vindas, cumprimentando os participantes, e uma de despedida marcarão sempre o início e o fim de cada sessão.

Contos folclóricos mesclados com contos contemporâneos serão narrados pelo mediador, sempre acompanhados dos respectivos livros, formando uma unidade temática e enriquecidos por estímulos orais e visuais. Serão utilizados as canções dos CDs e os textos dos livros das sacolas, para que as mães aprendam a utilizar esse material; também os disponíveis na biblioteca onde acontece a atividade para motivar os pais a retirá-los e, assim, introduzir novas canções e leituras em casa. Cada biblioteca parceira, portanto, deverá ter todo o material sugerido para as sacolas.

8º passo – Elaboração de uma página na internet para o Programa Bebelendo, que servirá de suporte a todos os parceiros envolvidos na ação, contendo informações, orientações e material para a viabilização de cada etapa do programa.

Todo o material para divulgação deve estar disponibilizado nessa página para que o programa tenha unidade e coerência. Quando se fala em material de divulgação, está se fazendo referência a todo e qualquer tipo de material impresso – desde uma simples folha de ofício comunicando o horário de uma sessão –, evitando, assim, a circulação de material mal redigido, com erros de grafia, concordância ou informações, que desacreditariam o programa.

9º passo – O período necessário para uma boa divulgação deve ser aquele indicado pelos profissionais da publicidade e propaganda.

10º passo – A data da implantação deve ser especial. O Programa Bebelendo pode ser um presente do governo federal, estadual ou municipal para a população no Dia da Criança, do livro infantil, da emancipação da cidade, do Estado ou do país.

Monitoramento e avaliação

A avaliação dos resultados esperados será feita por meio de quatro formulários, que serão preenchidos pelas mães quando receberem cada sacola E o monitoramento, por meio de relatórios realizados pelos profissionais responsáveis pelas diferentes ações: conscientização da gestante, distribuição das sacolas e sessões de rimas e narração de histórias. Esse material oriundo das bibliotecas e dos locais escolhidos para a distribuição das sacolas, uma vez repassado para os coordenadores do programa, servirá de documento e base para futuros estudos e para verificação da participação da comunidade e dos resultados parciais do programa a curto prazo.

Num curto prazo de tempo, antes de completar o primeiro semestre do Programa Bebelendo, deverão ser avaliadas a divulgação e a aceitação do programa. Ao final de cada ano, deverão ser analisados: a valorização da leitura com crianças por parte dos pais e cuidadores; mudanças de comportamento no modo de ler, de compartilhar livros e de interagir com as crianças; aumento de leituras com crianças; aumento da frequência do número de crianças membros de bibliotecas e mudanças de comportamentos em relação aos pais – como leem e quanto leem, bem como o seu interesse em participar do programa.

Para que isso seja possível, foram elaborados cinco formulários. O primeiro e o segundo, destinados às **bibliotecas parceiras**, coletarão informações sobre a quantidade de frequentadores adultos e crianças registrados nas bibliotecas. Deverão ser preenchidos no lançamento do programa e repetidos semestralmente para monitorar a participação da comunidade e a eficácia da divulgação. Os demais formulários, objetivando coletar dados especiais sobre a mãe ou o cuidador, o bebê e os comportamentos de leitura, deverão ser aplicados na inclusão da gestante no programa, do bebê e ao final dos dois anos seguintes.

> Ver sugestão de formulário para monitoramento da participação e divulgação do programa nos Apêndices B e C.

No formulário destinado à **mãe, ao pai ou ao cuidador,** além dos dados de identificação, devem constar questões que mostrem: como soube do programa; se ela/ele lê; quantos livros lê por ano; que tipo de livros prefere; se costuma comprar livros; se frequenta alguma biblioteca e se seus pais liam para ela/ele.

> Ver sugestão de formulário no Apêndice D.

Na ficha destinada ao **bebê** devem constar itens que contemplem as seguintes informações: se a mãe lia para os demais filhos – no caso de não ser primigesta; se lia, conversava ou contava histórias para o bebê durante a gravidez; quantos livros infantis leu para seu bebê desde a gestação e o horário e a frequência dessas leituras.

> Ver sugestão de formulário nos Apêndices E e F.

Esse primeiro formulário, preenchido pela mãe na adesão ao projeto de incentivo à leitura, servirá de base para os seguintes, que serão aplicados no momento da entrega de cada sacola, com o objetivo de levantar novos dados e compará-los com os dados do formulário base.

O monitoramento será feito por meio de relatórios trimestrais, que deverão incluir a quantidade de gestantes que frequentam os encontros pré-natais, o número de mães que participam com seus bebês das atividades de ritmo e narrativa de histórias e a quantidade de livros infantis retirados das bibliotecas que fazem parte do programa.

Assim, a implantação do Programa Bebelendo poderá dar início a uma pesquisa-ação, com métodos combinados, uma vez que serão utilizadas experimentações, entrevistas e observações para responder às questões levantadas ao longo de um estudo longitudinal.

Resultados esperados

O Programa Bebelendo necessita de um primeiro ano para a conscientização da gestante e de mais três anos para atividades que visem à formação e à mudança de comportamentos de leitura. Isso significa que serão necessários quatro anos para que o programa seja aplicado na íntegra.

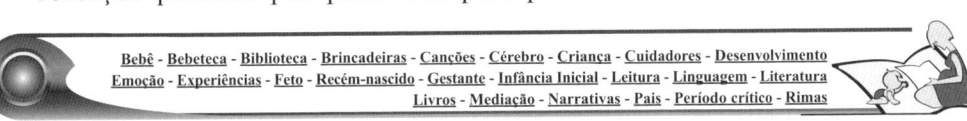

Os resultados esperados devem ser estipulados por meio da construção de metas a serem atingidas a curto, médio e longo prazos. Ao final desses quatro anos, os sujeitos da pesquisa serão ainda crianças em fase inicial de desenvolvimento, e os resultados esperados nesse curto prazo são comportamentos diferenciados de leitura por parte da criança e por parte da mãe, que será a responsável por dar continuidade às ações de leitura, pois, nessa idade o pequeno, ainda depende de estímulos e de reforços parciais por parte dos pais para que os comportamentos aprendidos sejam duradouros.

No que diz respeito aos resultados esperados a médio e longo prazos, busca-se, pelo acompanhamento de cada criança ao longo do período pré-escolar e escolar, constatar se a participação dela no projeto a transformou num leitor que, precocemente inserido num contexto familiar no qual o livro e a leitura são valorizados, foi sensibilizado a ponto de se transformar num adulto mais humano, capaz de aprender de forma autônoma e de dar sentido moral à própria vida.

Planilhas para estimativa de custos

Paralelamente à estimativa de custos dos materiais de leitura e divulgação, deve-se orçar o custo dos distintos tipos de sacola não previsto nas Tabelas 1 e 2.

Programa Bebelendo – Tabela 1: Estimativa de custos com material de leitura e divulgação para as sacolas gestante, 1, 2 e 3

Tipos de sacola	Público-alvo e período	Custo individual	Custo total para.............. pessoas
• Sacola da gestante Conteúdo: 3 *folders*, 1 formulário, 1 agenda, 1 CD, 1 livro de canções, 1 livro de contos, 1 livro com tema sobre a gravidez e 1 revista	Gestantes (ano inicial)	R$	R$
• Sacola 1 Conteúdo: 3 *folders*, 1 formulário, 1 guia de orientações, 1 livro de banho, 1 livro cartonado, 1 livro de tecido e 1 livro de poemas	Bebês de 0-12 meses (2º ano)	R$	R$
• Sacola 2 Conteúdo: 3 *folders*, 1 texto de orientação, 1 folha c/ adesivos, 1 caixa de lápis de cera, 1 folheto com números, 1 revista para colorir, 1 livro de imagens, 1 livro interativo, 1 livro de história e 1 livro de poemas	Bebês de 12-24 meses (3º ano)	R$	R$
• Sacola 3 Conteúdo: 4 *folders*, 1 formulário, 1 bloco de desenho, 1 caixa de lápis de cor, 1 apontador, 1 livro de poemas, 1 livro de história e 1 livro sobre as diversidades do país	Bebês de 24-36 meses (4º ano)	R$	R$
Total Geral		R$	R$

Para as sacolas 4 e 5, criadas especialmente para crianças com dificuldades visuais ou auditivas, que serão entregues logo após o nascimento, contendo livros em braille ou com língua de sinais, será apresentada uma tabela de custos separada. Uma única sacola abrange a faixa etária de 0 a 3 anos e o material impresso deve, na medida do possível, respeitar as necessidades da criança.

Programa Bebelendo – Tabela 2: Estimativa de custos com material de leitura e divulgação para as sacolas especiais

Tipos de sacola	Conteúdo de cada sacola	Público-alvo e período	Custo individual
• Sacola 4	4 *folders*, 1 formulário, 1 guia de orientações, 1 livro de banho, 1 livro de tecido, 1 livro interativo, 1 livro de história em braille, 1 livro para colorir, 1 bloco de desenho, 1 caixa de lápis de cera, 1 caixa de lápis de cor, 1 apontador e 1 folha de adesivos	Crianças com dificuldades visuais	R$
• Sacola 5	4 *folders*, 1 formulário, 1 guia de orientações, 1 livro de banho, 1 livro de tecido, 1 livro interativo, 1 livro de história em língua de sinais, 1 livro para colorir, 1 bloco de desenho, 1 caixa de lápis de cera, 1 caixa de lápis de cor, 1 apontador e 1 folha de adesivos	Crianças com dificuldades auditivas	R$

O último item – processo de gestão do programa – constará a seguir, porque deve fazer parte de um projeto. No entanto, não cabe às pesquisadoras discorrer sobre este, uma vez que são de ordem administrativa e, portanto, devem ser discutidos e planejados pelo governo ou instituição responsável pela implantação do Programa Bebelendo.

Processo de gestão do programa

Poderão ser envolvidas as seguintes funções e/ou etapas na implantação do Programa Bebelendo:

Coordenação

Planejamento

Programação

Execução

Monitoramento

Avaliação

O Programa Bebelendo deve ser considerado um investimento na formação educacional e cultural dos futuros cidadãos, independentemente dos custos que possam gerar, os quais, certamente, são muito pequenos em relação ao benefício que proporcionará ao país. A aplicação de recursos em leitura, na infância inicial, diminuirá gastos por parte do governo com ações reparadoras para minimizar os problemas gerados pelo abandono, pela violência e pelo descuido com a saúde, resultado da falta de informação causada pela ausência de leitura nas classes sociais brasileiras com baixo letramento.

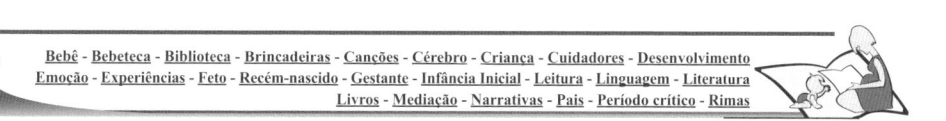

LENDO NA INFÂNCIA INICIAL: UMA VARIÁVEL EMOCIONAL, INTELECTUAL E SOCIAL

> *"Infância:*
> *Pobre mas linda*
> *Tão linda que mesmo longe*
> *Continua em mim ainda."*
> **Vinicius de Moraes**

As mudanças no mundo e nos costumes, atualmente, são muito rápidas; por isso há a necessidade de se propor ações que acelerem o aprimoramento do ser humano. Introduzir ações precoces para a formação do leitor é uma das atividades mais importantes e com resultados já previsíveis. Considerando a ampliação do conceito de leitura, que envolve o mundo como o grande texto universal, também a iniciação à leitura precisa acontecer paralelamente à gestação das crianças, com a preparação dos pais e cuidadores.

Existe uma etapa anterior à escolarização, na qual grande parte dos comportamentos de um indivíduo se desenvolve e se estabelece sob a orientação da família, única responsável pelos cuidados e pelo desenvolvimento da criança. É nessa fase que a leitura literária deve ser incentivada para que se torne, de fato, uma ferramenta capaz de intervir precocemente no desenvolvimento da criança e na sua transformação em leitor. Revestidas de emoção e recheadas de brincadeiras, as atividades de leitura na infância inicial devem respeitar essa fase importante da vida humana, que é a infância, e tudo o que nela cabe e que dela faz parte. Construir afetos, desenvolver capacidades, estimular experiências e formar novos comportamentos é um pouco daquilo que a leitura literária é capaz de fazer com uma criança exposta precocemente a ela.

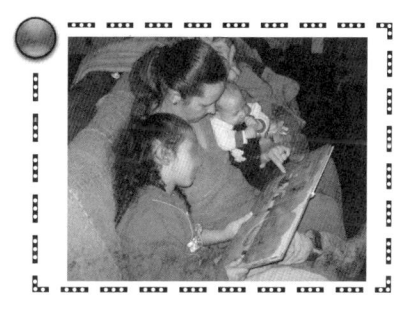

Para entender os caminhos percorridos para a elaboração deste estudo investigativo, no qual a leitura literária é apresentada como um recurso que, se utilizado na infância inicial, é capaz de transformar a anatomia e a fisiologia do cérebro, estabelecer laços de afetividade entre os pais e seus bebês e auxiliar no desenvolvimento intelectual, emocional e social da criança, fez-se necessário propor uma ação de incentivo à leitura que inicie motivando a gestante e tenha continuidade com o recém-nascido e o bebê durante sua infância inicial.

O problema inicial deste estudo investigativo – "Como os adultos do grupo familiar com filhos na idade de 0 a 3 anos ou do grupo cuidador dessas crianças são capazes, por meio de interações e de práticas orais de leitura, de aproximar essas crianças do livro e da literatura, para transformá-las em leitor precoce?" – pode ser respondido com a proposta de ações variadas. O grupo familiar ou cuidador de crianças de 0 a 3 anos de idade tem condições, sim, de desenvolver uma oralidade capaz de ampliar a cognição e a afetividade infantis e, dessa forma, estabelecer comportamentos capazes de transformá-las em leitores precoces com sensibilidade plena e permanente.

Contribuíram para essa certeza, além das diversas teorias apresentadas, as observações efetuadas e citadas nesta investigação. Não foi uma teoria isolada, mas várias que levaram à certeza de que isso é possível e de que a leitura literária possui potencial para tornar qualquer infância venturosa, pois os pais têm a afetividade necessária para mediar ações precoces de leitura; faltam-lhes, apenas, estímulos teóricos e práticos e o desejo da transformação do seu entorno.

Um programa de incentivo à leitura tendo os pais como mediadores e a literatura como um recurso capaz de estimular interações afetivas desde a mais tenra idade faz-se necessário num país onde há tantas desigualdades sociais. Tendo como porta de entrada as ações já existentes na área da saúde, um programa dessa natureza tem de conscientizar a mãe por meio de embasamento teórico sobre as capacidades do recém-nascido e os benefícios da leitura literária, qualificando os pais e cuidadores em encontros práticos que demonstrem atividades de leitura e os

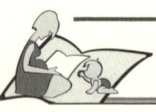

Bebê - Bebeteca - Biblioteca - Brincadeiras - Canções - Cérebro - Criança - Cuidadores - Desenvolvimento
Emoção - Experiências - Feto - Recém-nascido - Gestante - Infância Inicial - Leitura - Linguagem - Literatura
Livros - Mediação - Narrativas - Pais - Período crítico - Rimas

aproximem dos livros. É preciso que se tenha uma boa teoria para justificar tal prática.

Na infância, alimentado por estímulos e experiências, o cérebro transforma-se anatômica e fisiologicamente. Capacidades inatas também necessitam de experiências para seu aprimoramento e desenvolvimento e, assim, para não se atrofiarem definitivamente. Essas experiências devem acontecer numa "janela de tempo" bem específica que varia de acordo com o comportamento em desenvolvimento.

Chamadas de "períodos críticos" e cuja existência foi comprovada para o desenvolvimento da visão e da linguagem, por exemplo, essas janelas temporais podem existir também para o desenvolvimento do leitor. Imagine-se, por exemplo, que o período crítico para o desenvolvimento de comportamentos de leitura seja similar ao da visão, no qual a privação de experiências no período pós-natal (cerca de seis meses) altera irreversivelmente conexões entre o olho e o córtex visual, provocando uma cegueira irreversível. Se assim for, a criança não exposta a experiências de leitura até os 6 meses de idade jamais será um leitor, porque não desenvolveu os comportamentos necessários para sê-lo.

É claro que o exemplo utilizado foi o mais radical possível, uma vez que o período crítico para a linguagem, também citado neste estudo, é bem mais longo e requer uma influência pós-natal prolongada para que aconteça de forma normal. Nem tanto, nem tão pouco, mas pautado pela inexistência de pesquisas para definir o período crítico para o desenvolvimento de comportamentos perenes de leitura e pelos fracassos escolares na formação de leitores, optou-se por apostar que a janela temporal para esses comportamentos esteja aberta a partir do nascimento e se feche antes do período escolar.

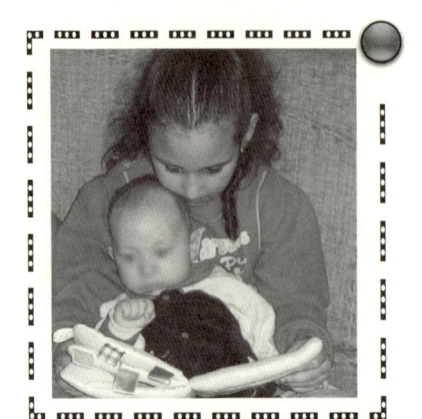

Na criação de uma criança, várias pessoas estão envolvidas. Além do primeiro núcleo familiar, composto por pai, mãe e possíveis irmãos, outros núcleos são possíveis; por isso, o vínculo mãe-bebê, tão discutido, valorizado e propagado pela psicologia hoje, não se resume à figura materna. O pai ou qualquer adulto responsável pelos cuidados da criança também pode desenvolver esse vínculo se, durante os cuidados com o bebê, adotar comportamentos que, no passado, eram desempenhados apenas pela figura materna.

Independentemente das muitas possibilidades familiares que se apresentam atualmente e dos múltiplos cuidadores que um bebê pode ter durante sua infância inicial, ele necessita que alguém trace objetivos para sua vida, que o ajude a encontrar um significado nela. Por isso, acredita-se que parte do que a criança será depende das atitudes planejadas de quem a educa. Cabem, portanto, aos pais o planejamento dos cuidados que terão com seu filho durante a gestação e a infância inicial, e ao governo, dar orientações para capacitar esses pais, protegendo e amparando com programas sociais. Depende da mediação dos pais para que o bebê se torne um leitor; são as experiências com eles e com o meio, por eles organizado, que vão influenciar e determinar o ritmo de desenvolvimento do bebê, a qualidade da ligação que se estabelecerá entre eles e o tipo de modelagem que exercerão sobre o seu bebê.

O lar é a primeira escola; os pais, os primeiros professores, e as atividades com o bebê não podem ser acidentais, nem se limitar a iniciativas isoladas. Devem fazer parte de um programa, constituído de ações simples – como deve ser uma infância –, porém pensadas, treinadas e passíveis de modificações. Para isso, é necessário que os pais conheçam o recém-nascido, suas capacidades inatas e suas maneiras de existir para que reforcem o desenvolvimento do vínculo afetivo, necessário para uma interação sadia entre pais-bebê, capaz de determinar a personalidade, as competências e os comportamentos futuros da criança.

As preocupações com o papel desempenhado pela leitura na vida de cada pessoa é motivo de estudos e discussões científicas no mundo todo. O conceito de saber ler também ultrapassou o nível da alfabetização. Quando se fala em leitura, não se refere ao fato de saber ler e escrever, mas em saber compreender tudo aquilo que se lê e, com base nessa compreensão, repensar e, se necessário, modificar conceitos e comportamentos. Saber ler é fator de cidadania e liberdade individual; por isso, ações de incentivo à leitura são cada vez mais necessárias.

A formação emocional, intelectual e social de cada cidadão passa, portanto, pelas atividades precoces de leitura na infância inicial. Pré-requisito para que a leitura escolar e a leitura de mundo aconteçam de fato, esse período preparatório, que consiste basicamente em desenvolver comportamentos de leitura e capacidades linguísticas por meio de leituras compartilhadas, deve acontecer a partir do nascimento.

Cada canção, conto ou brincadeira utilizada na interação verbal entre pais-bebê se transformará em experiências que, acumuladas, vão modificando a criança, sua maneira de ser e de ver o mundo que a cerca. Comportamentos de leitura e esquemas linguísticos estabelecidos na primeira infância servirão de suporte para que sobre eles se construa, ao longo da infância, um adolescente e um adulto leitor, um cidadão comprometido com as transformações do seu entorno e, consequentemente, do seu país.

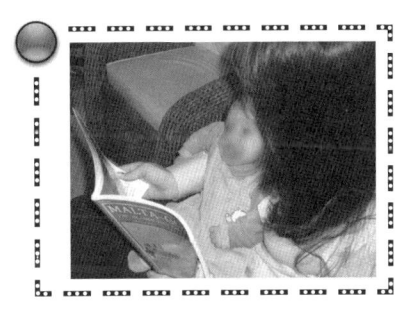

Bebê - Bebeteca - Biblioteca - Brincadeiras - Canções - Cérebro - Criança - Cuidadores - Desenvolvimento
Emoção - Experiências - Feto - Recém-nascido - Gestante - Infância Inicial - Leitura - Linguagem - Literatura
Livros - Mediação - Narrativas - Pais - Período crítico - Rimas

REFERÊNCIAS

ARAÚJO, Alceu Maynard. *Cultura popular brasileira*. São Paulo: Melhoramentos; Brasília, DF, INL, 1973.

BANDURA, Albert. *Social learning theory*. Englewood Cliffts, New Jersey: Prentice-Hall, 1977.

BEE, Helen L.; MITCHELL, Sandra K. *A pessoa em desenvolvimento*. Trad. Jamir Martins. São Paulo: Harbra, 1986.

BETTELHEIM, Bruno. *A psicanálise dos contos de fadas*. Rio de Janeiro: Paz e Terra, 1980.

BEYER, Esther. A construção do conhecimento no projeto Música para Bebês, 3, 2000. In: Seminário de Pesquisa em Educação – Região Sul. **Anais...** Porto Alegre: UFRGS/PPGEDU, 2000.

_____. Interagindo com a música desde o berço: um estudo sobre o desenvolvimento musical em bebês de 0 a 24 meses, 13, 2001. In: Encontro Nacional da ANPPOM, **Anais...** Belo Horizonte: ANPPOM/UFMG, 2001.

_____. STIFF, Kelly. A relação mãe-filho no projeto Música para Bebês: um estudo sobre possíveis interferências no desenvolvimento musical dos bebês. *Educação*, Santa Maria, v. 28, n. 1, p. 96, 2003.

BRUNER, Jerome S.; WATSON, Rita. *El habla del niño*: aprendiendo a usar el lenguaje. Barcelona: Paidós, 1983.

_____.; LINAZA, J. (Comp.). *Acción, pensamiento y lenguaje*. Madrid: Alianza Editorial, 1984.

CALCANHOTTO, Adriana. *Saiba*. Sony & BMG, 2004. 1 CD.

CERRILLO TORREMOCHA, Pedro C.; LARRAÑAGA, Elisa; YUBERO, Santiago. *Libros, lectores y mediadores*: la formación de los hábitos lectores como proceso de aprendizaje. Cuenca: Ediciones de la Universidad de Castilla – La Mancha, 2002.

GARCIA, Rose Marie Reis; MARQUES, Lílian Argentina Braga. *Brincadeiras cantadas*. Porto Alegre: Kuarup, 1989.

GRAIEB, Carlos. O cérebro é o espírito. *Veja*, ano 40, n. 38, p. 98-105, set. 2007.

JOUVE, Vincent. *A leitura*. Trad. Brigitte Hervor. São Paulo: Editora Unesp, 2002.

KALIL, Ariel. www.terra.com.br. Acesso em: 15 jan. 2008.

KLAUS, Marshall; KLAUS, Phyllis. *O surpreendente recém-nascido*. Trad. Maria Cristina Goulart Monteiro. Porto Alegre: Artes Médicas, 1989.

_____. *Seu surpreendente recém-nascido*. Trad. Maria Adriana Veríssimo Veronese. Porto Alegre: Artmed, 2001.

_____. *Vínculo:* et al. construindo as bases para um apego seguro e para a independência. Trad. Maria Rita Hofmeister. Porto Alegre: Artes Médicas Sul, 2000.

LIMA, Rossini Tavares de. *A ciência do folclore*. 2. ed. São Paulo: Martins Fontes, 2003.

MATURANA, Humberto. *Emoções e linguagem na educação e na política*. Belo Horizonte: UFMG, 1998.

McGUINNESS, Diane, 1938. *Cultivando o leitor desde o berço:* a trajetória de seu filho da linguagem à alfabetização. Rio de Janeiro: Record, 2006.

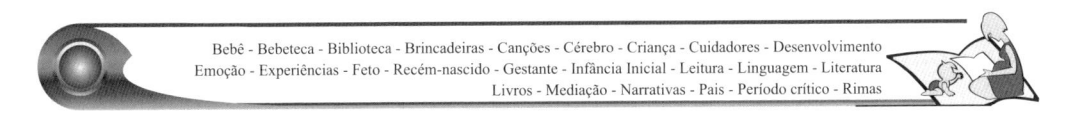

MIALL. O cérebro é o espírito. *Veja*, ano 40, n. 38, p. 98-105, set. 2007.

MOORE, Maggie; WADE, Barrie. *A gift for life*. Bookstart: The first five years. Disponível em: < www.bookstart.org.uk >. Acesso em: 24 fev. 2008.

PELLEGRINI FILHO, Américo. *Literatura folclórica*. São Paulo: Manole, 2000.

PIAGET, Jean. *A formação do símbolo na criança:* imitação, jogo e sonho, imagem e representação. Trad. Álvaro Cabral e Christiano Monteiro Oiticica. 3. ed. Rio de Janeiro: Zahar, 1978.

_____. *O nascimento da inteligência na criança*. Trad. Álvaro Cabral. 4. ed. Rio de Janeiro: Guanabara. 1987.

PIMENTEL, Altimar de Alencar; PIMENTEL, Cleide Rocha da Silva. *Esquindô-lê-lê*: cantigas de roda. João Pessoa: Universitária/UFPB, 2002.

O que é PNLL. Disponível em: < http://www.pnll.gov.br >. Acesso em: 28 out. 2007.

PURVES, Dale et al. *Neurociências*. 2. ed. Porto Alegre: Artmed, 2005.

REVISTA *Nova Escola*. São Paulo: Abril, ano XXIII, n. 209, jan./fev. 2008.

TRIVIÑOS, Augusto Nibaldo Silva. *Introdução à pesquisa em ciências sociais*: a pesquisa qualitativa em educação. São Paulo: Atlas, 1987.

UNESCO. *Relatório de Monitoramento Global de Educação para Todos* – Bases sólidas: Educação e cuidados na primeira infância. São Paulo: Moderna, 2007.

VIDA Maria. Direção e produção de Márcio Ramos. Viacg e Trio Filmes, 2006.

VYGOTSKY, L. S.; COLE, Michel et al. (Org.). *A formação social da mente*: o desenvolvimento dos processos psicológicos superiores. Trad. José Cipolla Neto, Luiz Silveira Menna Barreto e Solange Castro Afeche. 6. ed. São Paulo: Martins Fontes, 1998.

VYGOTSKY, L. S.; LEONTIEV, Alexis N.; LURIA, Alexander R. *Linguagem, desenvolvimento e aprendizagem*. 8. ed. São Paulo: Ícone, 2001.

VYGOTSKY, L. S.; LURIA, Alexander. R. *Estudos sobre a história do comportamento:* símios, homem primitivo e criança. Trad. Lólio Lourenço de Oliveira. Porto Alegre: Artes Médicas, 1996.

WIRTH, Angela Fleck. *Aplicação do método de observação de bebês em uma UTI neonatal.* In: CARON, Nara Amália (Org.). *A relação pais-bebê*: da observação à clínica. São Paulo: Casa do Psicólogo, 2000.

WOLFFENBÜTTEL, Cristina Rolim. *Cantigas de ninar*. Porto Alegre: Magister, 1995.

www.bookstart.org.uk. Acesso em: 6 ago. 2005.

www. pim.saude.rs.gov.br – Acesso em: 2 dez. 2007.

www.libraselegal.com.br – Acesso em: 1 jul. 2008.

ZEKI, Semir. O cérebro é o espírito. *Veja*, ano 40, n. 38, p. 98-105, set. 2007.

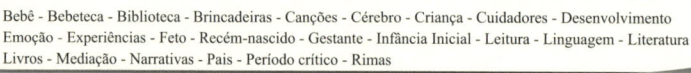

Obras consultadas

ABRAMOVICH, Fanny. *Literatura infantil:* gostosuras e bobices. São Paulo: Scipione, 1997.

ACTIS, Beatriz. *¿Qué, cómo y para qué leer?*: Un libro sobre libros. 2. ed. Rosario: Homo Sapiens, 2003.

ANTUNES, Celso. *Educação infantil:* prioridade imprescindível. Petrópolis: Vozes, 2004.

BALÇA, Ângela Coelho de Paiva. O feitiço da leitura: o papel da escola na formação de crianças leitoras. *Desenredo*, Passo Fundo, v.1, n.1, p. 9-20, jan./jun. 2005.

BAMBERGER, Richard. *Como incentivar o hábito da leitura.* Trad. Octavio Mendes Cajado. São Paulo: Cultrix, 1977.

BARBOSA, Márcia H. S.; BECKER, Paulo (Org.). *Questões de literatura.* Passo Fundo: UPF Editora, 2003.

BARRERA, Sylvia Domingos. Papel facilitador das habilidades metalinguísticas na aprendizagem da linguagem escrita. In: MALUF, Maria Regina (Org.). *Metalinguagem e aquisição da escrita*: contribuições da pesquisa para a prática da alfabetização. São Paulo: Casa do Psicólogo, 2003.

BARZOTTO, Valdir Heitor (Org.). *Estado de leitura.* São Paulo: Mercado de Letras; Associação de Leitura do Brasil, 1999.

BORDINI, Maria da Glória; AGUIAR, Vera Teixeira. *Literatura e a formação do leitor:* alternativas metodológicas. Porto Alegre: Mercado Aberto, 1988.

BRAZELTON, T. Berry. *Momentos decisivos do desenvolvimento infantil.* Trad. Jefferson Luiz Camargo. São Paulo: Martins Fontes, 1994.

CECCANTINI, João Luis C. T. (Org). *Leitura e literatura infantojuvenil:* memória de Gramado. São Paulo: Cultura Acadêmica; Assis: Anep, 2004.

CERRILLO, Pedro; PADRINO GARCIA, Jaime (Coord.). *Literatura infantil.* Ediciones de La Universidad de Castilla La Mancha, España, 1990. (Colección Estudio).

FLÓREZ, Rita et al. *Leer en familia en Colombia:* reporte de investigación y experiencias. Bogotá. Fundalectura, 2006.

GARCIA, Regina Leite (Org.). *Múltiplas linguagens na escola.* Rio de Janeiro: DP&A, 2000.

GOLSE, B. *O desenvolvimento afetivo e intelectual da criança.* Trad. Maria Lucia Homem. 3. ed. Porto Alegre: Artmed, 1998.

LIEURY, Alain. *A memória do cérebro à escola.* São Paulo: Ática, 1997.

LONTRA, Hilda Orquídea H. (Org.). *Histórias de leitores.* Brasília: Editora Universidade de Brasília: Oficina Editorial do Instituto de Letras UnB, 2006.

PRIETO, Heloisa. *Quer ouvir uma história?* Lendas e mitos no mundo da criança. São Paulo: Angra, 1999.

RAPHAEL-LEFF, Joan. *Gravidez:* a história interior. Porto Alegre: Artes Médicas, 1997.

RETTENMAIER, Miguel; RÖSING, Tania M. K.; BARBOSA, Márcia. *Leitura, identidade e patrimônio cultural.* Passo Fundo: UPF Editora, 2004.

RIBEIRO, Paula Simon. *Folclore:* aplicações pedagógicas. Porto Alegre: Martins Livreiro, 2000.

RÖSING, Tania M. K.; BECKER, Paulo (Org.). *Leitura e animação cultural:* repensando a escola e a biblioteca. Passo Fundo: UPF Editora, 2002.

_____.; RETTENMAIER, Miguel. *Questões de leitura.* Passo Fundo: UPF Editora, 2003.

SANTOS FILHO, Francisco Carlos; ARRUDA, Rositela C. de (Org.). *Te conto um conto:* um enlace entre psicanálise e literatura infantil. Passo Fundo: Ediupf, 2005.

SERRA, Elizabeth D'Angelo (Org.). *Ética e afeto na literatura para crianças e jovens.* São Paulo: Global, 2001.

_____. *Ler é preciso*. São Paulo: Global, 2002.

WEITZEL, Antônio Henrique. *Folcterapias da fala:* breve estudo dos trava-línguas e da linguagem secreta. Juiz de Fora: UFJF, 2002.

ZILBERMAN, Regina. Leitura literária e outras leituras. In: BATISTA, Antônio Augusto Gomes; GALVÃO, Ana Maria de Oliveira. *Leitura*: práticas, impressos, letramentos. Belo Horizonte: Autêntica, 1999.

YUNES, Eliana (Org.). *Pensar a leitura*: complexidade. São Paulo: Loyola, 2002.

APÊNDICES

A: **BEBELENDO** – Sessão de rimas e histórias

Sessão		Hora	Data	Animador
Tema				
Atividade	Tempo	Tipo		Material
		BEBELENDO – música de chegada		
1				
2				
3				
4				
5				
6				
7				
8				
9				
10				
		BEBELENDO – música de despedida		Número de participantes
Observação: atividades que não funcionaram e possível motivo de isso ter ocorrido				

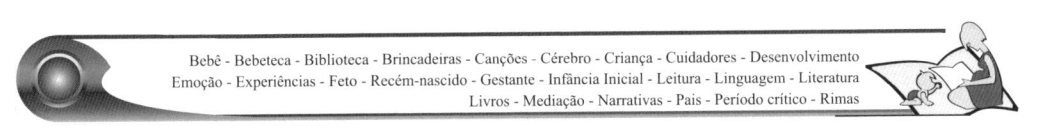

B: **BEBELENDO** – 1º formulário para bibliotecas parceiras

(Para ser aplicado no momento da adesão ao programa)

BLOCO 1 – DADOS DE IDENTIFICAÇÃO

1. Nome da biblioteca: _____

2. Tipo de biblioteca (pública, privada, escolar etc.): _____

3. Cidade: _____ Estado: _____

4. Endereço: _____

5. Telefone: _____ e-mail: _____

BLOCO 2 – TIPO DE PÚBLICO QUE FREQUENTA[1] A BIBLIOTECA

Descrição	Não	Sim	Quantidade
1. Estudantes universitários do sexo masculino			
2. Estudantes universitários do sexo feminino			
3. Estudantes de ensino fundamental do sexo masculino			
4. Estudantes de ensino fundamental do sexo feminino			
5. Estudantes de pré-escola do sexo masculino			
6. Estudantes de pré-escola do sexo feminino			
7. Crianças de 0 a 3 anos do sexo masculino			
8. Crianças de 0 a 3 anos do sexo feminino			
9. Homens (não estudantes)			
10. Mulheres (não estudantes)			
11. Pais acompanhando filhos			
12. Mães acompanhando filhos			
13. Quantidade de livros infantis retirados mensalmente			

_____
(Local e data)

---

[1] Entenda-se por "frequenta" possuir cadastro na biblioteca e efetuar retiradas de livros, revistas ou periódicos.

Bebê - Bebeteca - Biblioteca - Brincadeiras - Canções - Cérebro - Criança - Cuidadores - Desenvolvimento
Emoção - Experiências - Feto - Recém-nascido - Gestante - Infância Inicial - Leitura - Linguagem - Literatura
Livros - Mediação - Narrativas - Pais - Período crítico - Rimas

C: **BEBELENDO** – 2º **formulário para bibliotecas parceiras**

(Para ser aplicado nos anos seguintes à adesão ao programa)

BLOCO 1 – DADOS DE IDENTIFICAÇÃO

1. Nome da biblioteca: _____

2. Tipo de biblioteca (pública, privada, escolar etc.): _____

3. Cidade: _____ Estado: _____

4. Endereço: _____

5. Telefone: _____ e-mail: _____

BLOCO 2 – FREQUÊNCIA[2] DE CRIANÇAS, PAIS E CUIDADORES

Frequentam a biblioteca	Não	Sim	Semanal-mente	Quinzenal-mente	Mensal-mente	Quantidade
1. Meninos de 0 a 12 meses						
2. Meninas de 0 a 12 meses						
3. Meninos de 12 a 24 meses						
4. Meninas de 12 a 24 meses						
5. Meninos de 24 a 36 meses						
6. Meninas de 24 a 36 meses						
7. Quantidade de livros infantis retirados mensalmente						

_____

(Local e data)

[2] Entenda-se por "frequência" estar cadastrado na biblioteca e retirar livros, revistas ou periódicos.

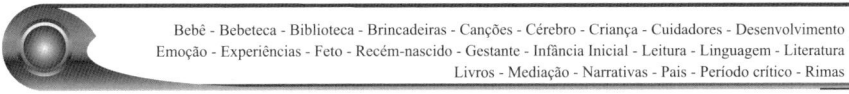

D: **BEBELENDO** – Formulário de leitura da gestante, pais e cuidadores

(Para ser aplicado no ingresso do programa)

Você participa de um programa de incentivo à leitura na infância inicial, por isso queremos saber um pouco sobre seus comportamentos de leitura. Podemos contar com sua colaboração para o preenchimento deste formulário?

BLOCO 1 – DADOS DE IDENTIFICAÇÃO

Nome completo: _____

1. Cidade onde nasceu: _____

2. Trabalha:
( ) Sim   ( ) Não

2.1 - Local: _____

2.2 - Função: _____

2.3 - Tempo de trabalho:
( ) Menos de 1 ano   ( ) 1 a 2 anos   ( ) 3 a 4 anos   ( ) Mais de 5 anos

3. Idade:
( ) Até 17 anos   ( ) 18 a 20 anos   ( ) 21 a 25 anos   ( ) 26 a 30 anos
( ) Mais de 30 anos: _____

4. Sexo:
( ) Feminino   ( ) Masculino

5. Estado civil:
( ) solteiro   ( ) casado   ( ) separado
( ) viúvo   ( ) concubinato

6. Grau de instrução (escolaridade):
( ) Não estudou.
( ) Primeiro Grau Incompleto.
( ) Primeiro Grau Completo.
( ) Segundo Grau Incompleto.
( ) Segundo Grau Completo.

BLOCO 2 – PRÁTICAS LEITORAS

Como soube do programa?

_____

_____

Descrição	Sim	Não	Às vezes
1. Você lê?			
2. O que lê?			
3. Lê textos completos?			
4. Fala sobre as histórias que lê?			
5. Tem livros em casa?			
6. Compra livros para si ou para presentear outras pessoas?			
7. Frequenta bibliotecas?			
8. Ouvia canções de roda quando criança?			
9. Ouvia histórias quando criança?			
10. Que tipo de canções e histórias ouvia?			
11. Quem cantava, lia ou contava histórias para você?			
12. Em que local ou momento ouvia histórias ou lia?			
13. Costumava ler para os filhos mais velhos?			

_____

(Local e data)

E: **BEBELENDO** – 1º formulário de leitura do bebê

(Para ser aplicado no dia da entrega da primeira sacola)

Você participa de um programa de incentivo à leitura na infância inicial, por isso queremos saber um pouco sobre seus comportamentos de leitura. Podemos contar com sua colaboração para o preenchimento deste formulário?

BLOCO 1 – DADOS DE IDENTIFICAÇÃO

Nome completo do bebê: _____

Data de nascimento: _____ Idade do bebê: _____

Tipo de parto: _____ Hospital: _____

Saúde atual do bebê: _____

Carteira de saúde em dia?   ( ) Sim   ( ) Não

Seu bebê tem alguma necessidade especial? Qual? _____

BLOCO 2 – A LEITURA

Descrição	Sempre	Às vezes	Nunca
1. Você cantou para seu bebê durante a gestação?			
2. Você conversou, contou ou leu histórias para ele durante a gravidez?			
3. Que histórias você gosta de ler ou contar para ele?			
4. Em que horário costuma ler?			
5. Com que frequencia costuma ler?			
6. O bebê demonstra preferir alguma história?			
7. Que canções você prefere cantar para seu bebê?			
8. Em que momentos costuma cantar?			
9. O bebê demonstra preferência por alguma canção?			
10. Mais alguém participa das atividades de leitura com o bebê?			
11. Quantos livros infantis você leu para ele? ( ) menos de 5 ( ) entre 5 e 10 ( ) mais de 10			

_____

(Local e data)

Bebê - Bebeteca - Biblioteca - Brincadeiras - Canções - Cérebro - Criança - Cuidadores - Desenvolvimento
Emoção - Experiências - Feto - Recém-nascido - Gestante - Infância Inicial - Leitura - Linguagem - Literatura
Livros - Mediação - Narrativas - Pais - Período crítico - Rimas

F: **BEBELENDO** – 2º formulário de leitura do bebê

(Para ser aplicado no dia da entrega da primeira sacola)

BLOCO 1 – DADOS DE IDENTIFICAÇÃO

Nome completo do bebê: _____

Data de nascimento: _____ Idade do bebê: _____

Participam das atividades de rima: ( ) sim ( ) não

Participam das atividades de narração de histórias: ( ) sim ( ) não

Data: _____/_____/_____

BLOCO 2 – COMPORTAMENTOS DE LEITURA

Descrição	Sempre	Às vezes	Nunca
1. Conta histórias para o bebê?			
2. Lê histórias para o bebê?			
3. Compartilha livros com o bebê?			
4. Fala com o bebê sobre as histórias que conta e lê?			
5. Incentiva o bebê a verbalizar sobre as histórias que ouviu?			
6. Usa signos (livros, bichinhos, fantoches) durante a leitura?			
7. Canta com seu bebê?			
8. Brinca com seu bebê usando:	Parlendas ( )	Quadrinhas ( )	Trava-língua ( )
9. Os momentos de leitura são:	Sérios ( )	Alegres ( )	
10. Que histórias você gosta de ler ou contar para ele?			
11. Em que horário costuma ler?			
12. Com que frequência costuma ler?			
13. O bebê demonstra preferir alguma história?			
14. Que canções você prefere cantar para seu bebê?			
15. Em que momento costuma cantar?			
16. O bebê demonstra preferência por alguma canção?			
17. Mais alguém participa das atividades de leitura com o bebê?			
18. Quantos livros infantis você leu para ele? ( ) menos de 5 ( ) entre 5 e 10 ( ) mais de 10			

Bebê - Bebeteca - Biblioteca - Brincadeiras - Canções - Cérebro - Criança - Cuidadores - Desenvolvimento
Emoção - Experiências - Feto - Recém-nascido - Gestante - Infância Inicial - Leitura - Linguagem - Literatura
Livros - Mediação - Narrativas - Pais - Período crítico - Rimas

RITA DE CÁSSIA TUSSI é graduada em Letras pela Universidade de Passo Fundo/RS com especialização em Linguística Aplicada ao Ensino de Língua Estrangeira. Mestre em Letras – Estudos Literários pela UPF-RS, desenvolve pesquisas na linha de formação de leitores na infância inicial. Sua experiência profissional abrange docência no ensino básico e no ensino superior.

TANIA MARIZA KUCHENBECKER RÖSING é doutora em Letras – Teoria da Literatura – pela PUC-RS. Professora do curso de Graduação em Letras e do Programa de Mestrado em Letras da Universidade de Passo Fundo (RS). Faz parte do grupo de pesquisa na linha Leitura e Formação do Leitor. Coordenadora do Centro de Referência de Literatura e Multimeios da UPF. Criadora e coordenadora das Jornadas Literárias de Passo Fundo. Pertence à Comissão Diretiva do Plano Nacional do Livro e Leitura (PNLL). Entre as publicações que escreveu, organizou ou que publicou em coautoria, destacam-se os títulos *Leitura e formação do leitor, leitura e animação cultural* – repensando a escola e a biblioteca, *Questões de literatura para jovens, Questões de leitura no hipertexto, Escola e leitura*: velha crise, novas alternativas, *Programa Bebelendo*: uma intervenção precoce de leitura.
tmkrosing@via-rs.net

Publicações da Global Editora na área de leitura

A formação do leitor literário: narrativa infantil e juvenil atual
Teresa Colomer

A literatura infantil na escola
Regina Zilberman

Andar entre livros: a leitura literária na escola
Teresa Colomer

Construindo o leitor competente: atividades de leitura interativa em sala de aula
Regina Maria Braga e Maria de Fátima Barros Silvestre

Ética, estética e afeto na literatura para crianças e jovens
Elizabeth D'Angelo Serra (org.)

Ler é preciso
Elizabeth D'Angelo Serra (org.)

Letramento no Brasil
Vera Mazagão Ribeiro (org.)

Letramento no Brasil: habilidades matemáticas
Maria da Conceição Ferreira Reis Fonseca (org.)

*A casa imaginária: leitura e literatura na primeira infância**
Yolanda Reyes Villamizar

Mediação de Leitura – Discussões e alternativas para a formação de leitores
Fabiano dos Santos, José Castilho Marques Neto e Tania M. K. Rösing

* Prelo

COLEÇÃO LEITURA E FORMAÇÃO

O jornal na vida do professor e no trabalho docente
Organizador: Ezequiel Theodoro da Silva
Autores: Amarildo B. Carnicel, Carmen Sanches Sampaio, Juvenal Zanchetta Junior, Marcel J. Cheida, Mario Sergio Cortella, Saraí Schmidt

Literatura e pedagogia: ponto & contraponto
Regina Zilberman e Ezequiel Theodoro da Silva

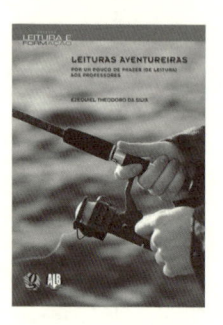

Leituras aventureiras: por um pouco de prazer (de leitura) aos professores
Ezequiel Theodoro da Silva

Leitura na escola
Organizador: Ezequiel Theodoro da Silva
Autores: Ariane Soares Milagres, Carlos Eduardo de Oliveira Klebis, Cláudia Lúcia Trevisan, Daniela Cristina de Carvalho, Eliane Pszczol, Mirian Clavico Alves, Norma Sandra de Almeida Ferreira

Criticidade e leitura: ensaios
Ezequiel Theodoro da Silva

Escola e leitura: velha crise, novas alternativas
Organizadoras: Regina Zilberman e Tania M. K. Rösing
Autores: Ezequiel Theodoro da Silva, Graça Paulino, José Luís Jobim, José Luiz Fiorin, Maria da Glória Bordini, Marisa Lajolo, Miguel Rettenmaier, Regina Zilberman Rildo Cosson, Tania M. K. Rösing

Escritos sobre jornal e educação: olhares de longe e de perto
Carmen Lozza

Impressão e Acabamento
Bartira
Gráfica
(011) 4393-2911